——— 让中国人住好房 ———

智慧选房
48堂课

冯国亮　编著

机械工业出版社
CHINA MACHINE PRESS

本书以讲座的形式，通过6章48堂课，让读者了解房产与选房的基本常识，掌握选房的基本方法与技术，认清房地产发展规律及趋势，降低购房时间成本，管控购房风险，规避损失，从而买到高舒适度的宜居住房，提高生活品质，实现家庭房产保值与升值。

本书以首次置业者、改善型置业者及对房产和人居有兴趣的人群为主要读者对象，为他们提供了详细的实操性选房策略。

图书在版编目（CIP）数据

智慧选房48堂课 / 冯国亮编著. —北京：机械工业出版社，2020.6
ISBN 978-7-111-65691-3

Ⅰ.①智⋯ Ⅱ.①冯⋯ Ⅲ.①住宅—选购—基本知识—中国 Ⅳ.①F299.233.5

中国版本图书馆CIP数据核字（2020）第086939号

机械工业出版社（北京市百万庄大街22号　邮政编码100037）
策划编辑：闫云霞　　责任编辑：闫云霞
责任校对：赵　燕　　封面设计：张　静
责任印制：孙　炜
天津嘉恒印务有限公司印刷
2020年8月第1版第1次印刷
184mm×260mm・11.25印张・282千字
标准书号：ISBN 978-7-111-65691-3
定价：39.80元

电话服务　　　　　　　　网络服务
客服电话：010-88361066　机　工　官　网：www.cmpbook.com
　　　　　010-88379833　机　工　官　博：weibo.com/cmp1952
　　　　　010-68326294　金　书　网：www.golden-book.com
封底无防伪标均为盗版　　机工教育服务网：www.cmpedu.com

前　　言

当年记者采访时问我为什么不做专业技术工作,而是选择房产与人居教育这条道路?十年前我在买房的过程中意识到,这个领域缺少的不是房地产从业者,而是普及房产与人居知识的教育工作者,这是一项有需求、有价值、有意义的事业。

开创房产与人居教育并非易事,这是一门系统的学问,仅有建筑规划及房地产专业知识还不够,还需要系统地学习、研究房地产理论、经济学、金融学、人居学、环境心理学、现代物理学等学科知识,以及通过市场研究、实地调研、业内交流、买卖实践等方式积累实战经验。

在研究和实践基础上,我研发创建了智慧选房方法论与健康人居体系,将择居选房上升为一门综合学科。

在做好精心准备之后,2010年10月起开始在北京举办专场讲座,2012年、2013年开始作为新浪乐居特约专业购房导师和北青传媒特约首席购房导师走进京城高端楼盘做讲座。此外还获邀走进北京大学和清华大学总裁班授课,走进中国农业银行总行,以及百度总部等做讲座,由此逐步形成"冯国亮讲购房"的品牌。

2013年北方雾霾问题凸显,如何选择健康生态的人居环境是每个人都必须要思考的问题,那时我讲得最多的是健康生态人居与择居之道,建议大家告别要钱不要命的择居方式。同年4月接受《中华建筑报》专访,畅谈人居梦想,从"讲购房"到"选好房",到开创房产与人居教育,人生愿景日渐清晰。

2013年10月,与著名房地产专家顾云昌老师一道应邀参加河北一场论坛活动,交流时聊到了人居事业和人生愿景。

我们正处在城乡巨变历史性转折的大时代,几亿人进城择居置业,城市中的居民也在通过买房或换房来改善自己的居住和生活品质。老百姓在择居置业过程中面临着各种困惑、问题和风险,需要有专业人士为民众普及购房专业知识,

提高人居文化素养。

作为专业技术工作者,应该有所作为,以老专家们为标杆,传播房产与人居知识,造福千家万户。

当年的梦想与豪情仍记忆犹新,只是长路漫漫,想要做到知行合一并非易事。开创一条新的道路如西天取经一样,注定充满坎坷,而活在普及房产与人居知识的使命和乐趣中,让学友们从中受益,又可以自得其乐。时常有学友成功买房的喜讯传来,看到知识、技术转化为价值,更让我相信这是一条通向富足与幸福的人间大道。

十余年来通过讲座与论坛演讲、发表文章及接受采访影响了很多人,同时与千余位购房者交流,在买房这件事上可谓几家欢乐几家愁。

以往大家买房都是自己查找、朋友介绍,或者是偶尔碰到动心的房子,随机性很强,这种随机选房隐性损失,尤其机会成本很大。今后选房不仅要凭运气,更要拼技术。业余选手与运动员的差距很大,但通过专业系统地学习,普通人也能成为选房的专家。

在选房过程中,信息与专业水平不对称使得购房者处于劣势地位,作为弱势群体,购房者的自身利益往往难以得到保障。择居选房是一门专业的学问,很多购房者因为没有专业的指导而无从下手,或者上当受骗,以至房地产纠纷成为投诉的热点。

在信息不对称、专业水平不对称的情况下,像大海捞针一样去选房,既耗费时间和精力,也往往容易选错,隐性损失很大。希望各位读者能够通过系统地学习,实现智慧选房,从中获得更大的价值。

特别说明:房住不炒已成为指导房地产行业与房产交易的基本原则,本书也是遵循这一原则,以居者有其屋、圆梦婚房和改善居家生活品质为宗旨,为社会和谐发展贡献一份力量。

在本书编写过程中参考了多位专家、业内人士的文章以及专业网站的相关资料,在此对这些作者致以深深的谢意。

由于本书涉及领域较多,时间和水平有限,书中如有不妥之处,还请各位读者指正,以便今后修正。

目 录

前 言

第一章 选房准备篇
——做足准备方能事半功倍 1

第一节 买房与租房的理性抉择 2
一、房产的多元化价值 2
二、选择最适合自己的生活方式 2
三、理性分析买房与租房 3

第二节 做好买房的各项心理准备 3
一、买房的六项心理准备 3
二、买房"啃老"问题 6
三、买房前后如何避免患得患失 6

第三节 购房预算要精打细算 7
一、购房规划与理财规划相结合 7
二、结合房价做好各项预算 9
三、买卖房产需要缴纳的税费 10
四、制订合理的买房预算表 11

第四节 确定选房的目标与重点 12
一、告别买房的初级思维 12
二、以自身需求为中心 13
三、把握需求与重点 14

第五节 购房前的各项规划 15
一、全生命周期购房规划 15
二、自住与投资 16
三、新房与二手房 17
四、期房与现房 18
五、精装房与毛坯房 20

第六节 制订购房计划书 21
一、购房计划书 21
二、[案例1-7] 年轻准夫妇的购房计划书 21

三、［案例1-8］中年夫妇的购房计划书 …………………………………… 22
四、［案例1-9］老年夫妇的购房计划书 …………………………………… 22

第二章　选房常识篇
——洞悉规律、把握机遇、少犯错误 …………………………………… 23

第一节　房地产及住宅产品的特性 …………………………………… 24
一、房地产概念的理解误区 …………………………………………… 24
二、房地产行业的基本特性 …………………………………………… 24
三、住宅产品与其他商品的差别 ……………………………………… 25

第二节　房地产需求类型及特征 ……………………………………… 26
一、房地产需求与供给总体趋势 ……………………………………… 26
二、住房的多样化需求 ………………………………………………… 27

第三节　选房必须顺应房地产周期 …………………………………… 29
一、房地产周期的四个阶段 …………………………………………… 29
二、房地产周期的表征 ………………………………………………… 30
三、不同循环周期的影响 ……………………………………………… 30
四、我国房地产周期的特点 …………………………………………… 31

第四节　房地产泡沫及历史经验 ……………………………………… 32
一、房地产泡沫 ………………………………………………………… 32
二、三类常见的房地产泡沫 …………………………………………… 33
三、重大的房地产泡沫事件 …………………………………………… 34

第五节　新房价格构成与定价机制 …………………………………… 37
一、新房的价格构成 …………………………………………………… 37
二、新房的定价机制 …………………………………………………… 38
三、商品房明码标价 …………………………………………………… 38

第六节　房价波动规律及影响因素 …………………………………… 39
一、房价波动的基本规律 ……………………………………………… 39
二、避免陷入房价的误区 ……………………………………………… 42

第七节　住宅产品的主要类型 ………………………………………… 42
一、商品房 ……………………………………………………………… 42
二、保障房 ……………………………………………………………… 45

第三章　选房技术篇
——站在未来看现在，多向比较、客观评判 …………………………… 48

第一节　选择城市改善生存环境 ……………………………………… 49

一、把握城市大变局中的新机遇 …………………………………… 49
　　二、选对都市圈 …………………………………………………… 52
　　三、选对区域 ……………………………………………………… 55
第二节　优选区位把握多元价值 ………………………………………… 57
　　一、地段：直接影响房产核心价值 ……………………………… 57
　　二、交通条件：决定着不同生活方式 …………………………… 58
　　三、配套资源：决定房产的综合价值 …………………………… 61
　　四、周边环境：影响人的身心健康 ……………………………… 63
第三节　优选住区提升生活品质 ………………………………………… 63
　　一、住区品位 ……………………………………………………… 63
　　二、居住小区的景观规划 ………………………………………… 64
　　三、住房位置与生活的品质 ……………………………………… 65
第四节　优选住区择邻而居 ……………………………………………… 66
　　一、住区的社会治安 ……………………………………………… 66
　　二、物业管理与生活品质 ………………………………………… 67
　　三、选对邻居 ……………………………………………………… 68
第五节　优选住房享受舒适生活 ………………………………………… 69
　　一、选择户型时应注意的问题 …………………………………… 69
　　二、选择适宜的楼型与楼层 ……………………………………… 72
　　三、立面造型 ……………………………………………………… 74
第六节　建筑物理性能评价 ……………………………………………… 76
　　一、光环境 ………………………………………………………… 76
　　二、声环境 ………………………………………………………… 76
　　三、空气质量 ……………………………………………………… 77
　　四、节能环保的住宅 ……………………………………………… 78
　　五、房屋结构质量 ………………………………………………… 79

第四章　选房实操篇
——选好房，奠定美好生活基础 ………………………………………… 81
第一节　购置新房的流程、渠道与要点 ………………………………… 82
第二节　购置二手房的流程、渠道与要点 ……………………………… 84
第三节　研判最佳买房时机 ……………………………………………… 87
　　一、早买并非一定比晚买强 ……………………………………… 87
　　二、政策趋势是重要风向标 ……………………………………… 88
　　三、把握周期波动中的好时机 …………………………………… 89

四、权衡市场动态与成交数据 …………………………………………… 90
　　五、关注开发企业和购房者的预期与行动 ………………………………… 91
第四节　优选房产平台和交易方式　92
　　一、优选网上房产平台 ……………………………………………………… 92
　　二、新房销售的四种途径 …………………………………………………… 93
　　三、二手房销售的两种模式 ………………………………………………… 94
第五节　选对开发企业与房产中介　95
　　一、选择开发企业的注意事项 ……………………………………………… 95
　　二、选择放心的房产中介 …………………………………………………… 96
第六节　VR 全景 + 短视频看房新体验 ………………………………………… 97
第七节　实地看房时如何避免雾里看花 ………………………………………… 98
　　一、不要被豪华售楼处所迷惑 ……………………………………………… 98
　　二、查看五证两书 …………………………………………………………… 99
　　三、读懂楼书和图纸 ………………………………………………………… 99
　　四、细看沙盘模型 …………………………………………………………… 100
　　五、考察新房样板间 ………………………………………………………… 100
　　六、与销售人员谈什么 ……………………………………………………… 101
　　七、二手房的实地考察 ……………………………………………………… 102
第八节　如何快速对房产估值　102
　　一、影响房产价值的因素 …………………………………………………… 102
　　二、评估房产价值的三种方法 ……………………………………………… 103
第九节　精选按揭房贷　105
　　一、买房贷款的形式 ………………………………………………………… 105
　　二、买房贷款省钱小技巧 …………………………………………………… 105
　　三、房贷审批准备 …………………………………………………………… 107
第十节　如何与开发商或卖方议价　108
　　一、新房砍价要点 …………………………………………………………… 108
　　二、二手房砍价要点 ………………………………………………………… 109
　　三、性价比和房屋总价更重要 ……………………………………………… 111
第十一节　签合同时应注意的问题　112
　　一、常见购房合同纠纷 ……………………………………………………… 112
　　二、阴阳合同问题 …………………………………………………………… 114
第十二节　收房与验房要注意的问题　115
　　一、收房过程中的注意事项 ………………………………………………… 115
　　二、验房中的房屋细节问题 ………………………………………………… 116

第十三节　用好珍贵的"房票" ·· 117
 一、优质"房票"是稀缺资源 ·· 117
 二、用好"房票"有所为有所不为 ······································ 118

第十四节　如何节省买房的时间成本？ ······································ 120

第十五节　买房省钱的好方法 ·· 121
 一、把握买入低价房的好机会 ·· 121
 二、优化选房策略 ·· 123

第五章　选房妙招篇
——聪明购房小窍门 ·· 126

第一节　买对人生中的第一套房 ·· 127
 一、以发展的眼光做好规划 ·· 127
 二、做好区位选择 ·· 127
 三、把握好时机 ··· 127
 四、房产类型与性能的选择 ·· 128
 五、优化贷款的选择 ··· 129

第二节　购置学区房应注意的问题 ·· 129
 一、学区资格与政策问题 ··· 129
 二、价格及购买时间节点 ··· 131
 三、学校是否适宜？ ··· 131
 四、住房是否宜居？ ··· 131

第三节　改善型购房的圆满升级 ··· 132
 一、界定核心改善需求 ·· 132
 二、按需选房对号入座 ·· 133

第四节　换房如何实现卖房与买房无缝衔接？ ·························· 134
 一、换房要提前做好准备 ··· 134
 二、把握好时机与时间差 ··· 135

第五节　未来养老床位和墓地会比住房更稀缺 ·························· 137
 一、养老产业正在成为朝阳行业 ·· 137
 二、顺应生命周期做出最佳选择 ·· 137

第六节　避免海景房成为"死资产" ······································· 138
 一、海景房风景与风险并存 ·· 138
 二、海景房为何易成为"死资产"？ ···································· 140
 三、可以考虑的三种海景房 ·· 140

第七节　如何选择商住房与公寓？ ·· 141

　　　　一、商住房为何成为网红产品？ …………………………141
　　　　二、商住房和公寓的区别 …………………………………142
　　　　三、如何优选商住房和公寓？ ……………………………143
　　第八节　无证难轻松的回迁房 …………………………………143
　　第九节　海外房产投资应避免哪些坑？ ………………………145
　　　　一、卖房置换错失时机 ……………………………………145
　　　　二、海外置业的六方面风险 ………………………………145
　　　　三、海外置业从核心需求出发 ……………………………147
　　第十节　一铺养三代还有可能吗？ ……………………………147

第六章　风险防控篇
——避开买房路上的那些坑 ……………………………………150
　　第一节　买房要注意的风险 ……………………………………151
　　　　一、生态安全风险 …………………………………………151
　　　　二、住房质量风险 …………………………………………151
　　　　三、房产交易中的风险 ……………………………………151
　　　　四、调控政策变化风险 ……………………………………152
　　　　五、市场波动风险 …………………………………………152
　　第二节　规避住房质量风险 ……………………………………153
　　第三节　防范买房中的交易陷阱 ………………………………155
　　　　一、常见的交易陷阱 ………………………………………155
　　　　二、规避交易中的六类风险 ………………………………156
　　第四节　择居选房安全第一 ……………………………………158
　　　　一、选房时一定要有防震意识 ……………………………158
　　　　二、防范水灾慎选五类地段与住房 ………………………160
　　　　三、选房时防患于未"燃" …………………………………161
　　第五节　规避四类嫌恶设施 ……………………………………163
　　　　一、常见的四种嫌恶设施 …………………………………163
　　　　二、慎选"凶宅"等房产 …………………………………164
　　第六节　房价降了该不该退房？ ………………………………164
　　　　一、退房要区分时机 ………………………………………164
　　　　二、如何避免房价回落的损失？ …………………………166
　　第七节　避免陷入"羊群效应" ………………………………167

第一章 选房准备篇

——做足准备方能事半功倍

【智慧选房心法】凡事预则立，不预则废

第一节　买房与租房的理性抉择

一般来说，我们在买房时通常会遇到三道关口，分别是认知关、心理关和资金关。正确的认知是前提，往往认知不同，做出的选择就不同。

一、房产的多元化价值

在传统观念里，有房才有家，有属于自己的房子才有家的感觉，才更有安全感，于是房产不仅是居住的问题，更是结婚的必要前提，这是年轻人成家要面对的现实问题，也是从古至今国人买房最主要的动力。

租房与买房的区别在于，租房是一种消费行为，买房则不仅是消费还伴随着投资，也就是说，买房不仅享受了居住的功能，以及背后的资源与价值，还享有经济发展与城市化进程的红利。

二、选择最适合自己的生活方式

对于买房或租房，每个人处于人生不同阶段，会有不同选择与预期，就看哪个更符合自身的状况，而关键在于是否有利于提高自身生活质量，实现人生有序的发展。

有的人买房是为了结婚、有的人是为了投资理财、有的人是为了改善家人的生活品质、有的人买房是为了自己的面子、有的人买房是为了度假养老。不管怎样，我们在买房前必须清楚支撑我们的理由是否合理且充分。

2016年以来，伴随利好政策相继发布，租房市场进入快速发展期，未来租房比例将逐年提升，预计未来一线和部分新一线城市租房住的人群比例或超40%，这意味着我们会有更多的选择。而其他大部分城市买房的经济压力并不大，买房依然会是首选。

大部分城市中的年轻人，工作五六年后贷款买一套商品房并不难，而北上广深及中心城市的商品房则令绝大部分家庭条件一般的年轻人高不可攀，即便六个钱包也难以够得着，那就量力而为，不必强求，如果未来还有诸多变数，那就选择等一等，先投资自己再说。

三、理性分析买房与租房

选择买房还是租房，需要理性的分析，应该根据个人和家庭状况及经济条件，并结合市场的走势而定。

拥有自己的住房是每个人的梦想，根据自己的个性创造属于自己的生活空间，让家人有安全感和稳定感，买房成为大部分人的选择。

另外，对楼市未来的判断至关重要。若当前出台了严厉的房地产调控政策，那么未来市场将有较多的变数，同时房价若处于阶段性高位，在这样的状况下，后市风险将加大，购房者要有风险意识，租房过渡就是一个规避风险的好方法，租房就给了你进一步观察市场的充足时间。

宜谨慎购房的群体（见表1-1）。

表 1-1

应届毕业生	刚毕业的大学生若经济条件有限，如果买房只能花父母的钱，此外还贷会明显降低生活质量，相比之下还是租房更划算
工作流动性较大的人群	租房可以根据工作地点的调整选择适合居住的区位，大大节省上班路上的时间，来去自由，因此这类人群可优先考虑租房
收入不稳定的人	若房贷利率上调，会增加贷款人的经济负担；同时房价涨落不定，对收入稳定性差的人会造成一定的心理压力

第二节 做好买房的各项心理准备

一、买房的六项心理准备

1. 克服买房心理障碍

一般在做重大选择时，人的心理会总有一个适应的过程。因此在买房之前，除了正确的认知外，充分做好心理准备也是非常必要的。

每一轮房价上涨过程中，一些人都会出现焦虑，买还是不买，毕竟有时错过一次机会就会后悔好几年。但是塞翁失马焉知非福，即便错过一次机会，后面还有选择，也许还有更好的结果等着你，不必为此过度的焦虑。

房价涨落有其内在的规律，不会因你的情绪而改变，因此明智者会做出恰

当的选择。

买房不仅是经济和技术问题，更是心理问题和认知问题。可能有的人并没有意识到，内心深处的潜意识才是决定你行为的关键。

心态变了，认知变了，外面的世界也会随之改变。

2. 对偿贷能力做好心理准备

买房是一种经济行为，按揭贷款会给人的心理带来不同程度的压力，现实中也有很多人担心贷款买房是负债，因而不敢买房，持这样观点的人并不少见，这主要源于缺乏财商知识。

房产是唯一能20~30年分期付款购买的资产，比如2008年贷款30万元作为首付买北京的房子，按揭20年，而十年后再看，北京大部分白领的年薪已达到近30万元，两三年的收入就能还清余下的按揭贷款，因此过度担心是多余的。

有段时间相关报道，认为贷款买房就会成为"房奴"，闹出很多笑话。十年后再看，当年的"房奴"大都翻身步入中产阶层，而那些嘲笑者、议论者后来观念也变了，有的也贷款买了房，只是买入的价格更高。

人就是这样，有了压力才会有更大的动力，一部分人因房贷的压力而激发出更大的动力，更加积极进取，有的提前还了房贷，较早完成了家庭固定资产的积累。

当然超前消费、高负债消费是一把双刃剑，提早享受的高负债率也蕴含着高风险，因此我们要把握好度，控制杠杆率。

3. 对价格与政策变化的心理准备

过去十几年，房价不断攀升，加上各类媒体的宣传，人们产生了某种惯性思维，预期房价会下降的人很少，以致形成了人们买涨不买跌的心理定式。可是市场规律终究是存在的，如2008年和2014年的房价就曾经出现过明显回落。

买房是多数人一生中最大的一笔支出，买入后房价下跌也是让人挺不舒服的一件事情，不过经过这些年的持续上涨，部分城市房价仍处于高位，出现一定幅度的波动回调是正常的，对此，购房者必须做好房价回落的心理准备。有的人买房时非常高兴，而在面对房价阶段性下跌时，一气之下做出退房的选择，最终的损失只能自己承担。

近些年，房地产调控对市场走势产生了重大影响，直接影响到购房者对时机的判断与选择，随着调控常态化，购房者今后要习惯在政策变化中做出取舍。

除了对既有政策措施有一定了解，指导自己的购房行为外，还要针对市场状况，研判下一步的走势，以便充分把握市场上的机会。预先研判政策变化，先行一步或在政策出台后购买，房价会有较大不同。

4. 对购房风险做好心理准备

与购买其他商品相比，买房是一个非常复杂的过程，目前我国的房产市场还很不规范，在买房的过程中，可能会出现各种意想不到的问题与风险，如广告欺诈、销售手续不全、房屋质量问题、建筑面积不符、开发商违反合同等情况，对此，购房者要有承担一定风险的心理准备，并通过提升自身的鉴别能力来做好防范。

5. 对"持久战"做好心理准备

买到称心如意的房子不是一件容易的事，大部分购房者选定一处房子之前一般都会考察20多处房产，有时需要几个月的时间，买房不仅需要时间，还会耗费体力与精力，是对体力与智力的双重考验。

购房者要有准备打"持久战"的心理准备，使自己身心保持平衡。有时候，一些购房者看过几处楼盘后就走不动或受不了了，这样难以做出最优的选择。在参加楼盘参观活动时，可以把看房参观当作旅游观光，保持放松愉悦的心态，时间长了也不会觉得累。

6. 保持理性的心理预期

目前网络中有些房地产信息不真实、不全面、不客观，这些内容影响着人们的预期。有些人钟情于"房地产已经走到尽头""房子即将谢幕"等观点，殊不知类似内容有的是有意编撰，别有用心。这类信息中往往引经据典，看似还挺有道理，而要想避免被误导，需要掌握基本常识，还要有客观全面的信息，以及深度分析能力。

人们的预期往往随着外部环境而变化，某一时间段内房价快速上涨，再加上开发企业和新闻媒体的炒作，许多人会随着潮流改变他们的预期，在这种情况下买房看起来要比租房合算得多，于是越来越多的人会随波逐流而买房，一般都是越涨越买。

过段时间如果房价开始回落，形势逆转，悲观的消息不绝于耳，人们的预期就会落空，以至于出现七折八折的房子都无动于衷。等到下一轮周期到来，才发现之前的担心是多余的。

可见，对规律保持敬畏，保持平常心态，这样才能做出恰当的选择。

做好以上各项心理准备,不仅可以让我们能够把握周期中的机会,快速出击,还能有针对性地做出精准选择,节省宝贵的时间,事半功倍。

二、买房"啃老"问题

很多年轻人不愿意让家里出钱帮助买房主要有以下几方面原因,①认为自己长大了不好意思还用家里的钱,担心啃老被人笑话。②缺乏财商常识,不太理解房产的理财功能,对房产的资产属性一无所知。③喜欢自由自在,认为房贷是负债,会让人有压力。

[案例1-1] 有一个年轻人,他的父母在农村。而他在深圳,见多识广,思维更为灵活。2015年春天,他察觉到房价很可能会上涨。于是回家说服父母拿60万元,以及自己攒的20万元作为首付,在深圳近郊买了90m^2的房子。啃老买房是备受争议的,他也很有压力,就这样挺了两年,买的房子涨了160余万元,之后他选择把房子卖了,还给父母80万元。

[案例1-2] 有人曾找我咨询,如何说服儿子买房?孩子毕业留京工作4年了,此前她就提出家里拿出100万元作为首付款,准备让孩子在北京或环京贷款买房,可孩子死活不同意。之后房价出现一轮大涨,该出手时没出手,错过了好机会,代价很大。

可见,啃不啃老,不在于是否借用父母的钱买房。如果能选对房,从而实现家庭财富的增长,这总比让父母的钱一天天缩水更好吧,而且也让父母更安心,何乐而不为呢,这才是真正的孝心。

借用父母的钱买房,父母作为重要的投资方,子女要有必要报答或补偿,即便父母没有要你偿还的想法,至少也是感情债,要怀着感恩之心,用实际行动来偿还,不必背负太大的心理压力进而影响到生活和工作,并不是说用父母的钱买房就是天经地义,有的人甚至认为别人的父母给孩子买房,自己的父母没有买就亏欠一套房子,这也并不合常理。

三、买房前后如何避免患得患失

患得患失是人之常情,有些事一两年后才能见结果,有时可能需要若干年,只怕苦尽甜来时有些人早已抑郁,还有的人为了多卖几万元与买家谈判争执大半天,晚上回去就突发心脏病住院了,得不偿失。

[案例 1-3] 有位女士 2016 年 8 月以 700 万元的价格卖了一套市区近 80m² 的老旧学区房，而后房价还在上涨，尤其 2017 年初涨幅明显，相比卖时总价涨了约 120 万元，于是她觉得卖亏了。同年 2 月因还想再买一套新房，为此来做咨询，谈起此事时后悔不已。3 月北京楼市新政落地，学区房新政超出所有人的预期，半年后平均房价已回落 15% 左右，更有 3 月市值 3000 万元的学区房降至 2000 万元仍难以售出，此前她卖的那套学区房市场价位已不及 700 万元，而且很难出手，那么之前算不算卖亏了呢。

[案例 1-4] 有学友 2016 年 9 月没买北京近郊一处类别墅产品，如今二期房价比一期涨幅超过 5%，他还在为错过而纠结。假如当时买了那套房，现在二手房价格会比新房价格更高吗？一般楼盘房价逐期提高，后期产品往往位置更好，新产品性能也有所提高，综合考虑二手房税费，相比新房二手房价格高些不也正常吗，有何损失？

因此并非错过的都是好机会，而滥买或选错的代价与错过机会的结果是一样的。

[案例 1-5] 有人跟我讲，去年刚卖了一套房子，之后旁边就拍出了高价地，地价比周边房价还高，于是认为房价会大涨，觉得卖早了，后悔不已。高价地会明显影响周边二手房价格这是一种错觉，这类高价地新建楼盘一般都是豪宅产品，10 万元 + 产品居住性能远非 5 万元 + 老房子可比。2 万元 + 的自住房和 12 万元 + 的别墅同一个小区，自住房价格并不会因此就大幅提升。类似情形在之前的参观中很普遍，事实并非人们想当然那么简单。

风物长宜放眼量，买房非一时儿戏，要摆脱情绪或偏见，即便有失误或遗憾，那么之后买对或卖对一次还可以弥补过来，不必怨天尤人。

第三节 购房预算要精打细算

一、购房规划与理财规划相结合

每个人或家庭在人生不同阶段，财务状况和获取收入的能力都是不同的，同时人的生命轨迹和收入与支出曲线也是不同步的。一般而言，25 岁之前，是

学习阶段，没有经济收入，处于净支出阶段；25~60岁，我们的收入逐年增加，财富不断积累，收入与支出同步，且收入大于支出；而大部分人到了60岁退休以后，收入会大大减少，又将处于支出为主的阶段。

房产是大多数家庭中最重要的资产，房产的保值与增值直接影响家庭资产状况，因此配置房产是家庭理财非常重要的一部分。在各个阶段要将买房规划与理财规划有效结合，进行资产的优化配置。

理财的意义就在于不断对自身资产进行优化配置，平衡不同人生阶段的收支，使个人或家庭的财务状况在一生不同阶段的变化中，实现财富效用的最大化。

从理财的角度来看，我们必须在收入丰盛的阶段，为自己的养老储备必要的财力，进入老年阶段，疾病的增加和生活自理能力下降的情况难以避免，需要大量的花销。很多中年人未雨绸缪，考虑以房养老作为保障，这也是一种合理的选择。

买房是绝大部分家庭最大一笔消费，因此买房前一定要认真做好规划，这事绝不能马虎。只有根据自己的实际情况做好了买房预算，才能在可承受的经济范围内选择适合的房子，那么我们该如何做好合理的预算规划呢？

首先要进行购房经济能力评估，最好和家人一起商议，汇总家庭现有资金，如银行存款，可变现资产（基金、信托等理财产品以及现有房产价值），已缴存公积金，把已有的积蓄全都加起来。再预估未来几年内可支配的收入，同时对支出情况也要做到心中有数，以合理地调整收支，比如家庭两人年均收入30万元左右，在没有小孩的情况下支出12万元左右，如果有小孩和老人需要照顾，则可能需要18万元左右支出，两种情况下的还贷能力是不一样的。

预估各项可支配资金，在此基础上明确经济承受力的上限，也就是可以投入买房的金额。这些已有的可支配资金不仅要满足首付金额，还要考虑其他各项支出。

大部分人不会选择一次性支付房屋全款，接下来就要考虑银行按揭及借债能力。通常情况下，银行会要求借款人的房贷月供不得超过月收入的50%。如果月均收入25000元，意味着银行按揭贷款的上限是12500元/月。按30年期等额本息商业贷款，基准利率4.90%计算，可贷款总额为235.53万元。

如果要照顾孩子和老人，家庭支出较大时，则每月的月供最好控制在月收入的30%左右，才能保障日常生活水平不会受到太大影响，这样计算每月只能有 7500 元用来还贷，贷款总额会随之降低。

我们进一步预估购房总价，一般来说，购房总价最好控制在家庭年净收入 6 倍以下，最高不要超过 10 倍，为防止意外，购房者最好再留出够一年左右的生活备用资金，以确保生活质量，避免过大的生活压力。

而现实中，由于大城市房价收入比过高，购房总价往往会在家庭年净收入 10 倍以上，有的可能达到 15~20 倍，这时需要借助父母及亲戚朋友们的资金。

二、结合房价做好各项预算

在买房之前，还需要大概了解所在城市各个区域的房价水平，再根据自己的经济实力来选择适合自己的房子。可以锁定一个目标区域，对区域内市场行情及价格水平有所了解，在此基础上再做出针对性购房预算。

当确定好要购房的区域后，就要以这个区域的房价水平来计算房屋面积的大小，随着房价的飙升，每平方米我们都要精打细算，要根据家庭人口数量和经济实力来综合计算。

根据家庭需求我们先有个两居室或三居室的基本构思，这样对面积有大概的评估。面积并不是选房唯一因素，大而不当的房子很常见，当然有钱可以任性，资金不是那么宽裕的则要在户型、楼型等方面多做些比较，优先选择实用而紧凑、性价比高的房子，这样才物有所值。

对经济能力和房价进行评估之后，需要做好进一步估算。

比如一个城市区域内满足需求两居室的房产总价一般要 450 万元左右，那么首付 150 万元，其余 300 万元按 30 年期作商业贷款，按基准利率 4.90%，等额本息每月需要还款 15921.80 元，等额本金首月还款 20583.33 元，以后每月递减 34.03 元。可见每月还款额超过了前面计算的银行可以按揭贷款的数额。

按照前面月均收入 25000 元的标准，银行按揭贷款最高每月是 12500 元，30 年期等额本息商业贷款，按基准利率 4.90% 计算，贷款总额为 235.53 万元。相比 300 万元还差了 64.47 万元，这时要么借钱凑足，要么降低购房总价标准，或者只能再等等了。

特别提醒，二手房按揭贷款额度与新房有很大不同，二手房要先进行估值，一般按照市场价 7 折，在此基础上计算按揭数额。首套房一般首付 3 成，按揭贷款 7 成，而如果买入二手房，即便还贷能力很高，一般也只能获得房屋总价

一半左右的贷款，这意味着首付 5 成左右。

房价款只是房屋交易总额的一部分，还有税费、装修和家具、物业及房屋日常支出、车位（数万元到数十万元，各地相差较大）、二手房中介费（一般为总房款的 2% 左右）、公共维修基金（有的城市按总房款的 2% 缴纳）以及初装费等各项费用。

如果购买的是毛坯房，那么装修和家具费用是一大笔支出，最好在买房前就事先把装修资金预留好，将这一项列入购房预算之中，100m^2 的房子中等装修和家具一般也得 15 万 ~20 万元。

通常情况下，各项支出加起来，二手房购房准备资金相当于总房价的 6 成左右，首套新房可以按 4 成计算。

此外，无论是购买新房还是二手房，税费都占有相当大的比重，买新房和买二手房所需缴纳的税费有所不同，新房税费要低。二手房一般需要缴纳的税费包括：契税、印花税、增值税、个人所得税等，各个城市和地区略有不同，而且房产是否满五唯一减免税费，这也直接影响购房总价，可以咨询房产经纪人，一般会根据具体情况给出数额。

交房的时候，开发商会要求购房者缴纳半年或者一年的物业费。此外，入住后就要开始负担房屋的一切开支，比如水、电、燃气及取暖费等，数额并不大，但也需要一并考虑进去。

合理预估购房总价，并精打细算，对自己的购房承受能力做到心中有数，这样购房者不至于房贷压力过大。有的年轻人为了买大房子，每月月供达到收入 7 成以上，生活压力非常大，特别提醒，买房的初衷就是为了让生活品质变得更好，要量力而行。

三、买卖房产需要缴纳的税费

1. 全款购买新房需要缴纳的税费

（1）契税：总房款的 1%~3%。

（2）交易手续费：一般为几百元。

（3）合同印花税：总房款的 0.05%。

（4）公共维修基金：总房款的 2% 左右。

（5）燃气、电话、有线电视、宽带网等设备初装费：各地标准不一。

(6）权属登记费：一般为 100 元左右。

(7）产权证工本费：一般几元至几十元不等。

(8）房产证印花税：一般每件 5 元。

2. 全款购买二手房需要缴纳的税费

(1）房产中介佣金：1%~3%（事先约定买方或卖方出）。

(2）契税：总房款的 1%~3%。

(3）交易手续费：一般为几百元。

(4）合同印花税：总房款的 0.05%。

(5）权属登记费：一般为 100 元左右。

(6）产权证登记费：一般几元至几十元。

(7）房产证印花税：一般为 5 元。

3. 出售二手房需要缴纳的税费

(1）增值税及增值税附加：对购房满 2 年以上的普通住宅不征收，对购房未满 2 年的普通住宅按交易价格的 5.3%（减税前 5.6%）征收。

(2）印花税：总房款的 0.05%。

(3）个人所得税：交易价格与原购房价格加上一定合理费用总和的差额，税率为 20%，或按成交报价 1% 征收。该税对购买 5 年以上且家庭唯一居住用房的房产实行免征。

(4）房产中介佣金：1%~3%（事先约定买方或卖方出）。

注：各地税费标准不仅作参考，计算时以当地标准为准。

四、制订合理的买房预算表

预估各项购房税费（见表 1-2）（以北京为例）

表 1-2

主要购房支出	具体标准
契税	首套：90m² 及以下 （网签价−增值税）×1% 90m² 以上 （网签价−增值税）×1.5% 二套： （网签价−增值税）×3%
增值税及增值税附加	满两年：普通住房免征，非普通住房：（网签价−原值）/1.05×5.3%（减税前 5.6%） 未满两年：网签价/1.05×5.3%（减税前 5.6%）

（续）

主要购房支出	具体标准
个人所得税	满五唯一：免征 非满五唯一：（网签价-原值-合理费用）×20%
印花税	0.05%
二手房中介费	一般2%~2.5%
公共维修基金（新房）	多层住宅100元/m² 高层全现浇结构150元/m² 高层框剪结构200元/m²
装修费用	普通住宅多数家庭在1000~2000元/m²
物业费	多层普通住宅一般1~2元/m²，高层住宅一般2~5元/m²（含电梯费用） 通常新房收房时需缴纳一年的物业费
取暖费（新房）	通常收房时需缴纳一年的取暖费用，一般30元/m²左右
车位费	各个地区车位费差距较大，北京地区一般10万~30万元
初装费（新房）	有线电视、电话、宽带网等日常生活必需设施要初装费，有些地方水、电、煤气等入住时也要初装费

注：计算时采用当地税费标准。

由上表可见，普通住房与非普通住房，以及满五、唯一与否，其税费可能相差几十万元，同一个住区在售住房中存在各种情况，报价自然不同，因此不要只看报价高低，而要在网上通过税费计算器进行核算，或者让房产中介帮助计算各项费用。

第四节　确定选房的目标与重点

一、告别买房的初级思维

到底该买什么位置的房子，买什么样的房子？很多人面临选房时都曾为此而纠结过，这缘于目标不清晰，所以先要厘清自己到底想要什么？

房产具有十几种功能和价值，比如说除了居住之外，还有结婚、投资理财、改善身心健康、子女教育、养老旅居、满足精神需求等。那么你到底更需要其中的哪一种，买房为了结婚自住、投资、教育、养老还是度假呢？一定要先搞清楚再做选择，这样才能对号入座。

什么时候买，再结合外部形势变化做出相应的取舍。而不是先去分析外部形势，纠结于趋势的变化。

[案例1-6] 2016年曾有学友来找我咨询，见面就说要买房，于是通过深入了解他的诉求，并一步步让他认识到房产及其背后所具有的各类功能及价值，他才逐步意识到"买房"其实是很狭隘的思维格局，从这种思维出发，其结果很可能背离初衷。

绝大部分人仍停留在"买房"的初级思维之中，这种思维固化在物质空间层面上，由此容易出现一叶障目的情况，比如去某项目参观，看到样板间装修的不错或者觉得价格相对便宜就会产生想买的念头，一时的冲动往往后患无穷，某一方面可能很好，不代表其他方面都适宜，难免会造成后续生活中的各种不便。

通过一个多小时咨询交流，他的思维就从买房上升到健康择居与资产配置的新格局中，买房的目的更清晰了，明白自己不只是要买房，而是选择健康的人居环境与更好的生活方式。同时考虑如何做好资产配置，为将来退休后的生活，以及工作和子女教育统筹安排。

选房前先搞明白真正想要的到底是什么？那么选择时就会得心应手，事半功倍。

二、以自身需求为中心

选房往往是一个漫长而又与欲望不断斗争的过程，购房者要不断面临取舍的抉择，要兼顾居住舒适性与房产保值、增值，同时还要规避各类风险，美中不足的情况很普遍，因此常常会面临鱼和熊掌不可兼得的两难选择。

一般在城市中心区的好地段，外部交通、配套资源等条件非常好，房产保值、增值能力较强，但老式住房居多，房屋居住的舒适度却往往很差，郊区新建的住房，无论房屋整体性能还是居住理念都符合需求，但大都距离城市中心区较远，配套资源相对不足。

如何在诸多因素中寻求平衡，实现舒适性与价值最大化，寻找到最适合的产品是一门学问，同时也是一门艺术。

人们的生活形态千变万化，每个人的需求不尽相同，任何房屋都会有相对

的优缺点，每个人也会有各自不同的偏好，有时售楼人员认为有一定缺陷，将是最难卖出的户型，却很可能最早被买走，其实这是不同偏好导致的结果，这样的房子往往价格较低，有的人就是相中了这一点。

有的人认为价格越低越好，有的人喜欢清静的环境，有的人喜欢大客厅，有的人喜欢大卧室，而一产品能同时满足各类购房者的所有偏好与需求是不可能的，因此在选房时要抓大放小，两害相权取其轻，做到有的放矢。

在明确内在的核心购房需求，并做好相关准备后，购房者再从实际需求出发，有针对性地研判政策走势、区域发展、对市场机会及产品进行综合分析，逐步明晰购买意向，在此基础上层层收缩、锁定目标区域、楼盘及产品。进行现场调研，对周边环境、交通、人文及未来规划形成直观认识，根据自身情况，选取最适合自己的户型和面积。同时进行价值评估与风险评估，最后在多个产品中进行比对，择优选择。没有最好，只有最合适的，以自身需求为中心，才能在众多产品中做出最适宜的选择。

三、把握需求与重点

一部分人一生中可能多次购房，人生不同阶段，内在需求重点差别很大，一定要先明确。有些人优先考虑人文环境，把子女升学作为最重要的选房依据。人文环境时刻影响着每一个人。例如生活在北京大学家属区的孩子们到北大附中上学的机会就很大，他们将拥有良好的教育和人文环境，这比房子本身更重要。

选择生活方式是改善型需求的普遍诉求，居住在不同的地区或不同类型的住房，生活方式将有较大不同。有些人选择在北京东侧的燕郊买房，可能每天三个小时在路上，也有些人选择在办公室旁边租房，这必然带来两种截然不同的生活形态。因此择居选房背后是选择生活方式以及生活环境。

对生活在北方重雾霾区域的人们来说，健康环境是择居时的首要诉求，因此很多人选择去海南等地，买的不仅是房子，而是健康长寿的希望。也有很多人更看重房子布局或价格等因素，却忽视内环境及空气、水、土壤等方面对身体健康产生的深远影响，这其实是不利的。

千金买房，万金择邻，选择朋友圈已经成为当下的潮流。因此择居不再像以前那样还是以选房子为主，有些人的目标转变为找到志同道合的人群，成为今后生活中的一分子，如有些海景房及旅居型房产都是以此来运营的，特别适合旅居养老人群。

此外，房产作为一种投资品种，依然是当前老百姓投资的首选。当然从投资角度来讲，普通住房并不是唯一选择，非住宅类可选的品类也有几十种。

由此可见买房不仅仅是买一套房产本身，房价高也并不仅仅房子的建造价格，更重要的是附加在房屋上的诸多功能与价值，如优质的教育资源与便捷的交通条件和高水平的医疗资源等，良好的自然和人文环境，生活与安全的保障等，都是房产的价值所在，同时也是选房的目标与重点。

第五节　购房前的各项规划

一、全生命周期购房规划

人生的每个阶段都需要住房，人们的生活居住要求随着生命周期的不同阶段而发生变化。处于生命周期不同阶段的家庭，对住宅、居住环境和周边公共设施具有不同的需求，在综合考虑生命周期和经济状况基础上确定自己的购房需求最为妥当。

一般家庭全生命周期的购房需求（见表1-3）：

表　1-3

生命周期	年龄段	置业类型	置业特点
新婚阶段	25~30岁	首次（过渡型）置业	自有资金少，抗风险能力较弱，重视房价
发展阶段	30~40岁	首次或改善型置业	对住房面积、居住环境要求较高，考虑子女入学问题
鼎盛阶段	40~55岁	改善型或投资型置业	自有资金较多，风险承担能力较强，对居住环境与配套设施要求较高
养老阶段	55岁以后	养老或为子女置业	对居住环境、治安状况和医院要求较高，不喜欢贷款

无论是买房还是租房，都应该及早做好规划，对自己全生命周期择居进行统筹规划安排，提前做好准备，根据个人和家庭状况及经济条件在不同时机与

条件下，考虑租房、买房哪个更适宜。

首先要依据人生规划。有的人刚毕业，准备在北上广深工作，学习三五年，如果没有太好的机遇就可能去二三线城市发展；也有的人希望在大城市扎根。人生规划不同，选择自然不同。

其次还要综合考量自己收入和家庭经济状况。在衡量自身经济能力基础上，计算好时间节点，要有适度超前的眼光，但切忌盲目攀比。

那么提前多久准备相对合适呢？通常买房实际落地操作，如果顺利大概需要两三个月时间。买房之前的筹划准备，则至少需要半年时间。对于初次购房者来说，提前一年准备，也不为过。

你是要选择首套婚房、学区房，还是改善型住房呢？我们可以根据不同阶段的特点界定实际需求，此外还需要明确一些问题，自住还是投资为主？选择新房还是二手房？选择期房还是现房？选择精装房还是毛坯房？这些都是必要的准备，也只有明晰自己究竟想要什么，确定好目标，才可能以最快的时间找到最适合的房子，这样机会来临时，你才能快速把握住。

资金准备可能更为烦琐，办理按揭贷款时，银行会查看你的征信与流水，如果你想获得贷款资格，平时就要注意别随便通过网贷平台借钱，有些会纳入征信记录，如果有欠费，就会影响你的信用，乃至贷款的资格。如果想在买房时提高贷款额度，多获得一些贷款，那就要注意平时的工资流水，一般至少要提前半年准备。

二、自住与投资

通常当确定要买房后，首先需要明确的是自住还是投资为主。尽管目前购房过程中普遍会有投资的考虑，但还是要界定清楚。

自住与投资购房的方向不同，选择也自然不同，有些人在购房时一会想自住为主，一会又想投资为主，在面临选择时摇摆不定，难以取舍，只有先界定清楚，在购房时才能抓住主要矛盾，得心应手。

与单纯的房产投资相比，自住具有更多感性的因素，生活方式与个人品位等方面的考量比较多，以居住舒适度为方向，更侧重综合价值，自住者希望以最少的钱买到最适合的住房。

而投资更多的是理性的经济行为，侧重收益回报及风险，投资者希望用较少的自有资金买到高回报率的房产,为此把感性的因素降到最低。只要房产能升值,有时好用与否并非选房要点。相当一部分投资型房产入手五年、十年都没有装修,一直处于空置状态,然后就转手了。

如果一套房既适宜自住又很适合投资,那自然是再好不过,而世间难有十全十美的事,现实中,风景好又宜居的地方房价往往涨得慢,增值性好的区域未必宜居,鱼和熊掌往往不可兼得。

自住型购房包括首次(过渡型)置业、改善型置业和一次到位型置业。对于首次(过渡型)置业的购房者而言,应以"买得起,还要住得起"为原则,以解决现实的居住问题为主要目标,宜多考虑"小户型、低总价、工作周边区域"的住房。

改善型置业购房者收入较高,具有较强的购房能力,此时会由生存需求向舒适需求转变,更多考虑居住的舒适性,对住房面积,居住环境与配套设施要求较高,还会考虑子女入学问题。

对于投资型购房而言,规避投资风险是要优先考虑的,这与自住型购房有较大区别,由此区位无疑是最重要的,这在很大程度上决定了房产的升值空间,城市中心区、发展速度较快的区域是重点选择方向,而无论自住型购房还是投资型购房,高性价比都是共同的追求。

经过近年严厉的房地产调控,房产投资的风险日益加大,一个截然不同的投资格局正在悄然形成。在调控政策的作用下,杠杆率被降低,同时交易难度提高,个人投资住房空间被大大压缩。鉴于此,购房者要顺大势而动,不可盲目投资。

三、新房与二手房

选择新房还是二手房?这也是买房者都会面临的问题,过去十余年间,随着各地商品房建设步伐加快,一线城市房地产市场开始由增量为主到存量为主的转变,二手房的房源越来越多,新房和二手房各有优劣,购房者可以根据自己的实际情况,进行选择。

下面就地理位置、交通、购房风险、物业管理、小区居住环境等几大因素做了对比(见表1-4)。

表 1-4

二手房	新房
建成时间较早,多分布于城市中心区或较成熟的商圈内,地理位置优越	新楼盘均开发在相对偏远的区域,地理位置相对较远
面积普遍偏小,价格多元化,相对实惠	普遍户型面积较大,品质相对较好,单价较高
市区内的二手房周边交通相对较发达	交通也受到道路等客观条件的制约
现房现卖,房屋品质好坏一目了然,购房者的风险较低	期房居多,购房风险较大
公共配套设施相对较成熟	公共配套设施大都有待完善
小区绿化一般,社区内车位缺乏,物业管理水平相对不高	景观环境一般较好,物业服务水平较高
一般在租赁市场很受欢迎,具有较强的保值与升值潜力	随着市政、交通等规划的进一步完善,新房的升值空间较大

一般来说,首次刚需购房者,二手房和新房皆可考虑,结合家庭的实际需求,可以就近居住。

对改善型购房者而言,尤其对学区有特别需求的可以优先考虑中心区的学区房,如果没有,那么二手房的品质往往难以达到品质改善的需求,则新房更为适宜,城市中心区的新房价格都会较高,经济条件能够承受自然没有问题,而如果条件一般,那么近郊交通和环境相对较好的新房值得考虑。

对于偏投资型购房而言,二手房和新房市场的周期并不同步,要具体区分当下哪种处于高位,哪种相对低估,其中的价差往往就是收益所在。除了居住品质之外,还要算好经济账,毕竟二手房与新房的首付及贷款额度均相差较大,未来区域增值空间大不同。

四、期房与现房

如果确定买新房,那么接下来我们再比较一下期房和现房。

所谓期房是指开发商从取得商品房预售许可证开始,至取得房地产权证为止,所出售的商品房。期房是当前普遍采用的一种房屋销售方式,人们习惯于把在建的、尚未完成、不能交付使用的房屋称为期房。

从某种角度来说,购买期房等同与开发商合资,阶段性地参与了项目的投资,期房具有潜在高风险,同时也具有潜在高收益。

期房的优点在于较低的价格和较大的选择空间,先期预购,户型、位置可以优先选择，期房还具有价格优势，一般优惠幅度为 5%～10%，甚至更多。就一套 200 万元的房产而言，如果期房比现房便宜 10% 左右，那就节约近 20 万元，这足以吸引相当数量的购房者。

期房的风险普遍存在，难以回避，见表 1-5。

表　1-5

楼盘宣传容易误导消费者	购房者只能看到开发商提供的样板房或者模型、图纸与广告，凭空想象未来的家。交房后购房者有可能发现房屋设施、质量、配套与约定不一致，与开发商宣传的差距较大
交房时间与质量难以把握	开发商在建设过程中可能因为资金不足使工程停顿，出现烂尾楼或拖延交房；或者在建设过程中擅自变更小区配套设施和环境绿化等承诺，这些都会给消费者造成损失
市场行情和价格难以预测	一般房屋建造需要一两年的时间，在购房者付款后房价可能会产生波动，如果涨价则分享收益，跌价则会遭到损失

选择期房很大程度上是在选择开发商，必须要对开发商的实力、资质、信誉进行多方位了解，并签订完备的合同。购买期房时一次性交齐房款，买方承担的风险很大，最好随工程进度采用分期付款或公积金、按揭贷款。

现房是指购房者在购买时已经通过交付标准的各项验收，可以正式入住的住房。按国家的规定，已经盖好的住房，不等于是现房，已经有人入住的住房也不等于是现房，只有已领房产证的住房才叫现房。现房销售已不再需要销售许可证，而是可以直接查看房产证。

当楼市交易低迷，开发商资金紧张，在这样的情况下，购买现房更为可靠，购房者不但可以发现房屋的质量问题，而且可以规避"烂尾楼"的风险。同时房屋空间清楚可见，内外配套一目了然，不至于产生心理落差。有些清盘的现房，开发商还会有一定的优惠，可以说既安全又实惠。

选择现房还是期房，有时不仅要看价格，还要看入住的紧迫性。有的着急作为婚房，那么优先考虑现房；如果是改善型住房，有足够时间等待，那么优先考虑期房，还可以享受开发过程中的红利。

对购房者而言，期房与现房相比较，优劣各异。通常期房与现房的比例会随着房地产市场的形势发生一定的变化，当市场形势好的时候，人们的购房意愿较高，会争相购买期房，购买现房的就比较少。而当市场低迷时，大部分人会持币待购，现房供应量会较大，可供购房者选择的产品增多，与期房的价差

也没有原来那么大，这时选择余地更大，而此时选择期房的风险相对更大一些。

期房与现房，机会与风险并存，选房时可以根据上述分析，从自己的需求出发，综合形势变化、产品供应和风险程度进行选择。

五、精装房与毛坯房

在新房市场中，毛坯房一直是主流产品。毛坯房是半成品房，精装修房才是成品房，相对毛坯房而言，精装房分为简装修与精装修两种。2019年住建部印发的《住宅项目规范（征求意见稿）》中提出：城镇新建住宅建筑应全装修交付。户内和公共部位所有功能空间的固定面和管线应全部铺装或粉刷完成；给排水、燃气、照明、供电等系统及厨卫基本设施应安装到位。

目前在一部分大中城市，精装修房已全面取代毛坯房，随着住宅产业化进程加快及产业发展趋势，未来精装房的比例将会明显提高。

精装房与毛坯房优势与劣势的对比（见表1-6）。

表　1-6

精装房	毛坯房
可为业主节省大量宝贵的时间和精力 减少被装饰公司和材料商蒙骗的可能 可将装修与住房一次性进行按揭贷款 不必长期受左邻右舍装修污染的影响	根据自己的需求定制装修，风格与层次可以把握，有满足感和成就感 自己可以对装修过程进行监控负责
质量、材料、档次等问题容易引发纠纷 风格选择一般较少，难以满足业主不同品位和特质的追求	一般会浪费两到三个月的时间 散兵游将的施工质量难以保证 装饰材料良莠不齐，难以辨别

现阶段以毛坯房为主是我国的一大特色，而精装修成品房为主是房地产发展成熟的表现，是发展趋势。从理论上讲，精装房可以使开发商和业主达到"多赢"局面，一方面对开发商而言，精装修可以创造产品附加值；另一方面对业主而言，可以省去装修的麻烦，省时省力，可谓一举两得。

此外开发商统一装修，统一采购，可以节省约一半的材料费，质量也可以得到保证，其低功耗、低造价、规范化的装修，以及后期服务，也可以使业主获得较大的实惠。不过目前市场中对精装房的认可度还有待提高，阻碍精装房发展的质量问题及产业发展模式等有待全面突破。

选择毛坯房还是精装房很大程度上取决于市场中产品供应的状况，即开发商选择做毛坯房还是精装房，购房者往往只能被动选择。不过近年来做精装房的开发企业越来越多，可供选择精装房产品的数量也在逐步增多，鉴于此，购房者应该改变以往的观念，在风险可控的前提下，宜优先选择精装房。

第六节　制订购房计划书

一、购房计划书

有些人选房时没有清晰的目的性，随波逐流，这样容易错失不少机会，当看房达到一定数量时，难免会眼花缭乱，甚至会有迷失感，因此要紧紧围绕自己事先确定的核心需求与购买能力来进行选择，紧随初心，不能见这个地方好，明天那个地方也不错，满城跑，最后看花了眼。永远会有更好的出现，但你要选择的却是最适合你的。

首先制订一份购房计划书，将自身的需求特征进行归纳汇总，明晰购房目的、最高经济承受能力和时间范围以及其他需求。在明确的区域范围内进行针对性选择，也可适当扩大模糊搜索，这样不仅可以做到省时省力，事半功倍，还能找到更可心的房子。

二、[案例 1-7]　年轻准夫妇的购房计划书（见表 1-7）。

表　1-7

购房目的	首次（过渡型）置业
自住VS投资	自住
买房预算	首付最高50万元，可按揭100万元，总价150万元以内的房产
城市区位	城市东部，工作单位附近或城郊交通便利处优先考虑
买房时间	考虑一年后结婚，最好在一年内
新房VS二手房	新房优先，工作单位附近二手房也可以考虑
期房VS现房	时间较紧，城郊现房或准现房为宜
精装房VS毛坯房	简装修或精装修
户型	一室一厅一厨一卫，面积45~60m^2，或两室一厅一厨一卫，面积70~85m^2
楼型	二手房：多层板楼3~5层；新房：小高层板楼3~8层
特殊配套设施需求	周边最好有幼儿园
其他特殊需求	采光、通风、隔声效果要好，卧室一定要朝南

三、[案例1-8] 中年夫妇的购房计划书(见表1-8)。

表 1-8

现有房产	现有房产准备出租,日后留给子女
买房目的	改善型置业
自住VS投资	自住
买房预算	首付最高200万元,可按揭300万元,总价500万元以内的房产
城市区位	城郊交通便利处优先考虑
买房时间	找到合适的房子,在适宜的时间内购房即可
新房VS二手房	新房为主,二手房较新的如合适也可考虑
期房VS现房	期房或现房皆可
精装房VS毛坯房	简装修或毛坯房
户型	两室两厅一厨一卫,面积80~100m^2,或三室两厅一厨两卫,面积100~120m^2
楼型	花园洋房:3~5层;普通住宅:小高层板楼3~8层
特殊配套设施需求	要有会所与良好的物业服务,邻近有公园或河流优先考虑
其他特殊需求	南北通透,采光、隔声效果要好,双主卧,客厅大一些,景观要好

四、[案例1-9] 老年夫妇的购房计划书(见表1-9)。

表 1-9

现有房产	出租一套,留给子女一套
买房目的	养老型置业
自住VS投资	自住
买房预算	全款可购买总价300万元以内的房产
城市区位	城郊较远处,环境较好,交通便利的区位
买房时间	两年内,找到适合的房子为止
新房VS二手房	新房或二手房皆可
期房VS现房	最好是现房或准现房
精装房VS毛坯房	简装修或精装修
户型	两室两厅一厨一卫,面积80~100m^2
楼型	优先考虑花园洋房,楼层:1~3层
特殊配套设施需求	周边要有老年配套设施,有医院、公园和菜市场
其他特殊需求	采光、通风效果要好,外部安静,主卧一定要朝南,底层最好有个小院

第二章 选房常识篇

——洞悉规律、把握机遇、少犯错误

【智慧选房心法】历史总会不断地重演

第一节　房地产及住宅产品的特性

一、房地产概念的理解误区

1. 房地产不等于住宅

何为房地产？一般来说，房地产是指土地、建筑物及固着在土地、建筑物上不可分离的部分及其附带的各种权益。

从交易对象来看：房地产是指可以公开交易的建筑物（广义还包括矿藏、森林等自然资源）及其附属土地。

从产权经济学角度看：房地产是附着于土地及其地上建筑物的财产权利束，包括所有权、使用权、处分权、收益权、抵押权等。

一般人们常把住宅与房地产等同，其实房地产是广泛的概念，具有多元化的形态，商用地产、产业地产、基础设施、空置土地等均是房地产的一部分。

各行各业发展都是建立在土地及建筑物中进行，这也决定了各行各业发展都离不开房地产这个基础型行业。

2. 房地产行业是第三产业

很多人都把房地产行业等同于建筑业，认为房地产开始只是盖房子，是第二产业，而事实上，房地产的投资开发活动，主要从事的是资源的整合、组织和管理等服务活动，并不直接建造房屋。

房地产销售经营活动，直接从属于流通领域，属于第三产业。房地产业的分支行业，如房地产中介服务业、房地产金融业和物业管理等，都属于第三产业。

二、房地产行业的基本特性

1. 周期性

房地产业发展与宏观经济一样具有显著的周期性，受宏观经济周期、供需关系及调控政策等影响呈现波动状态，房地产发展周期受宏观经济周期的影响较大。

2. 政策性

宏观政策对房地产业发展影响深远，土地供应政策、货币、信贷和税收政策等都会对房地产市场产生不同作用，与国外不同，国内房地产市场属于明显的"政策市"，相关政策决定了房地产的起落和发展方向。

3. 关联性

房地产产业链条长、相关产业带动性强，具有高度的综合性和关联度，直接影响上下游建材、钢铁、建筑等几十个产业的发展，进而还会对相关产业就业等方面产生影响。

4. 地域性

全国房地产业发展不平衡，区域分化明显，东部沿海地区的发展远快于中西部地区。同时房地产产品具有明显的地域性特征，各地气候与文化习俗不同，房地产产品的形态与标准等不尽相同，南北方差异较大，房地产市场状况受当地经济发展水平的影响较大。

5. 金融性

房地产行业是资金密集型行业，国家的金融政策必然对房地产发展形成重大影响，而房地产市场融资量巨大的特性，更进一步强化了金融政策的影响效应，使得房地产对金融政策的变动特别敏感。如银根的松紧、利率升降、贷款审查的宽严等，都对房地产的发展形成巨大影响。

三、住宅产品与其他商品的差别

住宅产品不仅指住房本身，还包括土地、配套设施和环境等，不同区域土地、配套设施、环境等差异较大，因此住宅产品具有不可复制性；同时住宅产品也是人们生活中不可缺少的民生必需品，持续消费，具有不可替代性；其中土地等自然资源供给具有稀缺性，这也决定了住宅产品的总量受限。

住宅产品是一种复合型产品，具有住房本身和设施、环境的差异化特征：住房本身是指建筑结构、面积、房型、装修等；相关设施包括水、电、气、网络等设施；环境包括交通、空气、光照、自然景观、学校、医院等条件。

住宅产品具有公共品的特性，是人们生活中不可缺少的必需品，并且不具有替代性。保障性住房具有福利性更接近公共品，一般的商品房则更接近私人产品。

由于具有消费与投资的双重属性，使得住宅产品需求总量大增，而供应相对滞后，住宅产品的这些特性决定了其需求、供给和价格机制与其他商品相比都存在较大不同。

房地产市场表现为投资性市场与消费性市场的双重属性，它的价格形成机制和一般商品有较大的不同。房地产市场不存在均衡点，该市场没有均衡价格，受投资需求的影响，很多情况下房价会背离实际使用的价值，震荡波动。

第二节　房地产需求类型及特征

一、房地产需求与供给总体趋势

1. 房地产需求总体趋势

随着经济不断发展，房地产总需求是不断扩大的，除人口总量不断增加外，人均房地产需求量也在不断提升。具体表现为：人均住宅面积不断扩大；人均商业设施面积不断扩大；人均办公面积不断扩大。

未来需求变化的预期是价格预期形成的主要决定因素，人们对房价的心理预期一旦形成，就可以同时影响供求关系；市场力量并不能决定预期作用的方向和性质，错误的预期可能会偏离潜在均衡价格，走向更大的偏差，这是房地产市场经常产生泡沫与周期性波动的原因所在。

相比需求而言，房地产供给受到土地、政策诸多因素影响与限制，总体上处于供不应求的状态，同时产品供应结构不合理、供给与需求不匹配，这些都决定了房地产供需不平衡。

2. 住宅产品需求总体趋势

住宅产品需求主要受经济发展水平、人口数量和结构、房价收入比、城市化进程、城市与区域地位及发展潜力、购房者的偏好、对市场的预期，货币、信贷、财税政策及调控措施等影响。

随着经济不断发展，总需求将不断扩大，除人口总量不断增加对住宅产品的需求外，随着人均收入快速增长，中产阶层的增长，带来改善型需求，人均需求量也在不断提升，如人均住宅面积不断扩大。

城市化进程的发展及旧城与旧房改造带来新的置业需求，伴随城市化进程，农村人口进入城市，小城市人口涌入大城市，棚改及旧城改造"制造"的被动住房需求。

此外购房年龄年轻化，户均人口减少，房产投资需求长期存在，这些都导致购房需求被动增长。

还有生活方式转变及房地产多元化的发展产生了新的需求，如康养型房产、养老型房产、旅居民宿等。

二、住房的多样化需求

住房需求一般包括刚性购房需求、改善型购房需求、投资与投机型购房需求、恐慌性超前购房需求。

1. 刚性购房需求

刚性购房需求主要是指在一定经济能力下，为了拥有独立的居住空间和较舒适的住房环境条件而产生的住房需求，是人们买房自住的需求，是最基本的住房需求。

刚需购房需求是自住型需求，是无论市场怎么变化，只要是在自身可实现的范围之内，都要在某阶段内完成置业，不过这种需求有时也是潜在的购房需求，会受到收入、就业、房价等因素的影响。

目前我国住房刚需主要有四个方面：①结婚和离婚；②旧城改造所形成的动拆户；③大学生在城市就业；④农民工进城。

一般认为，刚性购房需求是当投资与投机需求被市场屏蔽掉之后市场中的有效需求量。在房地产市场处于下行周期、量价齐跌时，市场上投资和投机行为基本消失，这时所剩下需求量即为刚性需求。

2. 改善型购房需求

改善型购房需求主要是指对目前的居住条件不满意，需要重新购置更舒适的房产来满足对居住要求提升的需求。一般改善型需求又分为两类：一类是目前的居住条件比较差，迫切需要改善居住环境的；另一类是收入水平较高，对现有住房不满意，追求更高的生活质量，而考虑购买新房的。

改善型居住需求的家庭结构特征表现：一方面是家庭成员的增加或孩子年龄的增加，需要改善居住条件；另一方面是家庭收入水平明显提高，经济条件

能够支撑更高水平的居住标准。

3. 投资与投机型购房需求

投资与投机型购房一般是指从理财角度出发，通过银行房贷的杠杆效应进行房产投资，买入房产后，通过出租或在一段时间内转售，以获取收益回报。

投资与投机型购房都追求房产的升值，一般投资型购房以出租为主，而投机型购房以转售为主。在过去一些年中，部分人购买了几套甚至几十套商品房，不装修、不出租，只等着涨价后炒卖，这类即属于投机型购房。

在正常的房地产市场中，投资投机型购房比例会控制在10%~15%的警戒线以内，而前几年，部分城市投资、投机型购房比例超过30%，房价不断被推高，形成房地产泡沫，因此房地产调控将抑制投资与投机型购房作为打击目标，以保持房地产市场的健康持续发展。

4. 恐慌性超前购房需求

恐慌性购房一般是指担心房价不断上涨或房地产政策调整而出现的忽视价格因素，脱离实际购房需求能力的一种购房行为。这种购房行为多建立在对未来预期基础上，脱离当前自己收入水平和收入能力，通过举债的方式提前购房消费，具有盲目攀比、不计后果、透支未来等特点。

每一次购房优惠政策或购房政策收紧之前，不少恐慌性购房者提前入市，纷纷抢搭政策"末班车"，为了买房而抢房，触发抢购热潮。

买房不仅是一种经济行为，更是一种心理状态的体现，人们的买房行为极易受到外界环境的影响。当房价出现快速上涨，且一天一个价时，就会引发市场的恐慌，以致出现再不赶紧买恐怕一辈子也买不起房子的心理。在这种恐涨心理的作用下，由此即便没必要买房的人也会产生买房的想法，一些无经济能力买房或本来没考虑买房的年轻人，也会在家人的催促下匆忙入市。

恐慌性超前购房使得住房需求进一步放大，在供应跟不上的情况下，就会成为房价进一步上涨的推力，给社会带来的不利影响。恐慌性超前购房状况反复出现，既有民众对市场走势不确定性的担忧，也体现了民众对调控能力信任度减弱，这是房地产市场不成熟的一种体现，未来随着房地产调控政策的长期化与制度化，楼市步入买方市场，房价趋于稳定，这种非理性的恐慌性购房必然将会明显减少。

第三节　选房必须顺应房地产周期

一、房地产周期的四个阶段

大部分国家和地区的经济发展都是波浪式前进的，经济运行中会周期性出现经济扩张与紧缩交替更迭、循环往复，在市场经济条件下，这种"经济大气候"的周期变化如同自然界的春夏秋冬一样对我们每个人都会产生不同的影响。

房地产经济存在阶段性均衡，同时存在着周期性波动，它会随着时间变化而出现扩张和收缩交替的反复运动，一般来讲，房地产的周期波动可以分为四个阶段：复苏（增长）、繁荣、危机（衰退）、萧条。

房地产周期过程呈现以下特点：①市场经历一段低迷期（萧条）后，成交量开始逐步回升，房价随之逐步回升，自住需求者入市，市场交易量增加（复苏），房地产投资也随之增加；②随后投资与投机者活跃，交易量日益放大，拉动房地产价格迅速上升，房地产出现过热，政府开始出台调控措施（繁荣）；③当价格虚高到一定程度时，购买力受到制约，自住需求者持币观望，成交量开始下降，但房价仍然上涨（危机）；④受各种不利因素的影响，成交量持续下降，房价也开始下降，投机者被套牢，市场进入量价齐跌的（萧条）期，政府会出台刺激性措施进行干涉。

当市场处于萧条时，一般都会呈现以下特征：①房价开始下降、炒家惊恐抛售；②交易量锐减、房地产投资下降；③售房广告以理性代替感性；④开发商采用赠送等方式销售；⑤市场议价空间加大、房价打折幅度较大；⑥租金持续下降，空置率居高不下。

房地产周期和经济周期一样是经济发展的一种常态化现象，具有自然属性，且有一定的规律性，难以避免，人性的贪婪推动了经济发展循环往复、周而复始，这在股市中更可以一览无余。

当然由于济发展状况的差异，周期的影响也有大小之分，当各种因素产生共振，作用力叠加到一起时，会爆发严重危机，由此产生的破坏力会比较强，不过福祸相依，危机使得一些问题得以暴露，并得以解决，这样才能实现市场

持续良性的发展，这也是房地产周期出现的意义所在吧。

二、房地产周期的表征（见表 2-1）

表 2-1

周期	典型市场表现
复苏阶段	自住需求者入市，市场交易量增加 价格、租金价格较低，现房价格大于期房 房价开始回升，少数投资、投机者入市 需求数量增加带动市场发展，空置率下降
繁荣阶段	地价和房价开始同步上升 房地产开发量激增、品种增多 投资与投机者活跃，空置率增加 开发企业开始争抢地王 政府开始出台政策限制炒房
危机阶段	市场里投资与投机者为主，自住需求者持币观望 房价开始下降，炒家惊恐抛售 交易量萎缩，房地产投资下降 顶点附近期房价格高于现房 地价上升完全不合理
萧条阶段	地价下跌比房价下跌幅度快 房价和租金持续下降，交易量锐减，空置率居高不下 投机者被套牢，部分开发商破产，房地产泡沫挤出 市场正常需求增长缓慢，政府出台刺激性措施干涉

三、不同循环周期的影响

1. 宏观经济运行周期

房地产周期与宏观经济周期紧密相关，宏观经济周期在很大程度上影响着房地产周期，持续的快速经济增长是房地产发展的前提，一般宏观经济景气领先于房地产景气指标，而房地产景气指标对宏观经济影响也较大，对宏观经济产生重要影响的因素如货币供给、信贷政策、财税政策等对房地产同样会产生较大影响。

政策因素是影响房地产和宏观经济周期的非常重要因素，调控政策实际上是房地产周期与经济周期之间的缓冲器，房地产与宏观经济可持续发展，需要减少两者之间过度关联的叠加效应，避免出现大起大落，因而房地产调控政策将长期存在。

2. 通货膨胀波动周期

通货膨胀周期会引发房地产市场的异常波动，从而对房地产周期产生影响，社会整体物价水平的变化必然会影响到房地产价格的变化，当通货膨胀的预期形成后，房地产产品作为不动产具有一定的增值与保值作用，由此会成为资金追逐的对象，价格随之上涨，房价上涨会进一步推动 CPI 上涨，从而对通货膨胀的发展有着推波助澜的作用。一般而言，房地产价格水平与社会整体物价水平的运行周期并不完全同步，两者相互作用，逐步推高。

3. 人口增长周期

人口增长是推动房地产需求增长的主动力，人口增长的波动会对房地产周期产生重大影响。房地产发展、城市发展和人口发展三者是相辅相成的，房地产持续快速发展有赖于人口的增长与人口的城市化。

可以说，看懂了人口的实质，也就看懂了房地产。受城市化、产业发展与外来人口等方面因素的影响，不同区域人口增长周期不尽相同，这在一定程度上决定了房地产发展的速度与空间。

4. 产品建造与开发周期

与其他商品相比，房地产产品的建造周期相对较长，一般项目建设需要一年到两年时间，而如果从土地平整开始算起到入住，一般则要三到四年时间，期间市场可能会发生较大变化，产品供应具有滞后性。

调控政策导致市场的不确定性和资金紧张都可能导致开发企业放慢节奏，以及部分开发企业囤地，拖延开发，这些会带来房地产产品供给相对不足的状况，因此房地产产品难以维持常态的供需平衡，这也是为什么房地产市场常会出现供不应求现象的重要原因之一。

四、我国房地产周期的特点

从近现代世界各国的情况来看，任何国家在发展过程中都不可避免地会出现一个大量建造住宅的历史阶段，过去 30 余年我国正处于这样一个高速建设的阶段。在这样一个特定的阶段，房产产品总体上处于供不应求的状态，与发达国家成熟的房地产市场相比，我国的国情与政策不同，房地产周期也有一定不同。

从过去一些年的情况来看，我国房地产周期是典型的"政策性周期"，我国历次房地产周期波动均有重大经济政策或房地产改革或调控政策的背景，调控政策深刻影响着房地产的发展，而且政策调整显然比房地产周期对市场的影响还要大得多，这也决定了我国与其他国家的房地产周期具有明显差异。

改革开放以来我国房地产可以分为两个时期，第一个时期为1979~1997年，周期波动划分为五个阶段：即1979~1985年为复苏期，1986~1991年为增长期，1992~1993年为繁荣期，1994~1995年为危机期（宏观调控作用），1996~1997年为萧条期。

第二个时期为1998年起至今，1998~2002年为新一轮复苏期，2003~2007年为增长期，2008年为危机期，2009~2010年为繁荣期（经济刺激政策作用）。2011~2013年为增长期，2014年为危机期，2015年为复苏期，2016~2017年为繁荣期（去库存政策作用）。

近些年我国经济持续快速发展，使得很多人产生一定错觉，难以感受到明显周期性特征，房地产业市场化发展时间较短，还没有经历过一个完整的市场化的周期过程，加之我国房地产业发展具有某些特殊性，也使得人们对于房地产周期规律缺乏客观的认识，很多时候人们只看到短期的现象就认定房价只涨不跌，从而引发非理性的行为。

房地产周期对于购房影响重大，当市场持续过热，投资需求比例过高，房价居高不下，这时购房者对房地产周期规律要特别重视，并审慎投资，毕竟规律始终会起作用。

第四节　房地产泡沫及历史经验

一、房地产泡沫

房地产泡沫通常指的是房地产价格在一个连续的过程中持续上涨，吸引新的买者与投机资本的持续增加，由此引起的房地产市场价格与使用价值严重背离，房价涨幅明显超过同期居民收入增长速度，脱离了实际使用者支撑而持续上涨的过程及状态。

1. 房地产泡沫现象

（1）房地产业持续高速发展，没有按照其固有周期调整。

（2）房地产价格不断上升，房价收入比超出可接受范围。

（3）房地产开发资金快速流入，房地产贷款超常增长。

（4）租售比明显超标准，局部地区空置率过高。

（5）住宅投资与投机比例过高，炒房与炒卖地皮现象普遍。

2. 房地产泡沫的成因

（1）宽松的信贷政策：信贷政策过度宽松使得开发企业和投资者很容易获得开发资金。

（2）长期低利率：在低利率状态下，理性的人群都会考虑选择保值增值的资产，客观上为房地产泡沫推波助澜。

（3）投机需求过度膨胀：房地产业的高利润促使许多企业、机构和投资者将大量资金投入其中，由此产生大量的投机性需求。

（4）开发企业非理性行为：开发企业对市场的预测出现偏差，同时开发企业之间的博弈加剧。

（5）经济规律的作用：国民经济与房地产发展周期波峰重叠，两者相互促进，会出现同步过热现象。

（6）监管与调控不力：房地产业的发展涉及领域较多，存在着多头管理的问题，同时一些地方对调控政策执行不力。

3. 判别房地产泡沫的简单方法

短期炒卖的比重过大、房屋购买后被大量空置、房价收入比明显超出可接受范围。

二、三类常见的房地产泡沫

尽管我国没有出现全国范围的房地产泡沫，但除了众所周知的海南房地产泡沫，过去十年局部地区也曾出现三类房地产泡沫。只有当潮水退去时，才知道谁在裸泳，在一些城市和区域，成片的钢筋混凝土森林裸露在风雨中。

第一类是以鄂尔多斯、温州和神木为代表的民间资本创造的房地产泡沫。这三个城市民间资本富足，当地投资、投机比重过高，而当陷入民间借贷危机，资金链断裂，房地产业危机随之到来，这与此前其他国家金融危机导致的房地产泡沫颇为相似。

第二类是以曹妃甸、营口和防城港为代表的造城运动导致的房地产泡沫，这是目前国内最常见的泡沫形式。前些年各地争先恐后上马新城，而部分新城变空城。

某些城市的烂尾楼和小区似沙漠绿洲矗立在盐碱地上，没有人气。虽然这与经济和房地产波动有关，但地方行政主导的造城模式大都超过其能力和预期。

第三类是以威海、秦皇岛和葫芦岛、东戴河为代表的海景房泡沫。近些年海景房价格涨幅超过其他住宅，尽管入住率很低，却成为很好的投资品，眼看着涨价，却难以转手。而当房地产进入回落周期，各地海景房销量大减且价格降幅明显，这是把旅游产品变成住宅开发的必然结果。

一般来说，只要城市人口还处于增长阶段，供应过剩型的泡沫可以通过一定时间来逐步消化，而金融型的泡沫则需要更长时间，例如温州房价至今仍未回到9年前的高位，这类房地产泡沫导致盘根错节的债务，会影响到实体产业发展，使城市错失转型发展的良机，从而深陷其中，难以自拔。

三、重大的房地产泡沫事件

1. 日本房地产泡沫

20世纪80年代后期，日本采取了非常宽松的金融政策，鼓励资金流入房地产及股票市场，1985年9月，美元贬值后，大量国际资本进入日本的房地产业，日本城市土地价格的也快速增长，多种因素重叠致使房地产价格暴涨，从1986年到1989年，日本的房价涨了两倍多。

受房价暴涨的刺激，许多日本人节衣缩食，纷纷拿出积蓄炒股票和房地产，到1989年，日本地价市值总额竟相当于整个美国地价总额的4倍，到1990年，仅东京都的地价就相当于美国全国的总地价，90年代初，严重的房地产泡沫经济已经形成。

1991年后，随着国际资本撤离，房地产价格随即暴跌，到1993年，日本房地产业全面崩溃，遗留下来的坏账高达6000亿美元。房地产泡沫破灭和消散的过程对实体经济的打击十分沉重，受其影响，日本迎来历史上最为漫长的经济衰退期。到2001年初，全国地价水平比历史最高水平下降了36.6%，全国土地资产总值缩水37.7%。

地产泡沫破灭导致的金融困难使日本经济陷入了困境,市场萎缩,政治动荡,2007年底,六大城市土地价格仅相当于1991年高点的27.7%。绝对价格也只相当于25年前,也即1982年的水平;近20年过去了,至今日本仍未走出泡沫破灭的影响。

按照经济学者巴曙松的研究,日本房地产发展可以分成四个阶段,第一个阶段是1955年开始的十年,日本房地产发展最主要的推动力是保障型住房。第二个阶段,从1966年开始的十年是日本的房地产快速成长的阶段,第三个阶段,是1976年开始的十年,是日本泡沫发展的时期,期间地价、房价出现异常高幅度的上涨。第四个阶段,被称为失落的十年,房地产泡沫迅速破灭,对银行、企业和民众形成巨大冲击。

导致日本房地产泡沫生成的主要原因有三方面,①金融政策不当,长期低利率导致大量过剩资金流入股市和不动产市场;②各类金融机构为了追求高额利润,将房地产贷款作为最佳贷款对象,不断扩大信贷规模,加速了泡沫的形成;③房地产价格不断暴涨导致企业和个人都纷纷投资和投机房地产,造成了房地产业虚假繁荣。

2. 泰国房地产泡沫

20世纪80年代中期,泰国把房地产作为优先投资的领域,并陆续出台了一系列刺激性政策,由此促生了房地产市场的繁荣。随着大量开发商和投机者纷纷涌入了房地产市场,加上银行信贷政策的过度宽松,促成了房地产泡沫的出现。

当时房地产投机性活动非常普遍,最终导致房地产市场供给大大超过需求,房屋空置率持续升高,泡沫越积越大。1997年东南亚金融危机的爆发使泰国的房地产泡沫彻底破灭,并直接导致经济严重衰退。

3. 迪拜房地产泡沫

迪拜是阿联酋第二大酋长国,拥有世界上第一家七星级酒店、全球最大的购物中心、世界最大的室内滑雪场。迪拜原本是一个阿拉伯沙漠中的城邦,只有14万人口的沙漠小城,现有总人口140万,95%是外来人口。

迪拜走的是大举借债投资开发房地产和旅游业的发展模式,除了自由港吸引转口贸易以外,几乎没有实业,迪拜最大的产业就是房地产业。迪拜的盛衰与其房地产开发主导的经济发展模式有关,可谓成也地产,败也地产。

在2000年以后,迪拜楼市开始对外开放,允许卖房给外国人。外国人不仅

可以拥有迪拜永久产权的房产，还能拥有永久产权的土地。开发商和炒楼者在这个时候陆续进场。2001年当地一幢独立别墅每平方米只要8000元，到金融危机之前，房价涨至最高峰，每平方米涨到4万多元。

美国房地产次贷引发了全球金融和经济危机，迪拜陷入了债务危机，房地产泡沫随之破灭，之后房产价格与2008年峰值相比，跌幅超过了60%。迪拜房地产泡沫的破灭也验证了德意志银行分析师劳伦斯总结出的"摩天大楼指数"：大厦建成，经济衰退。

4. 中国香港房地产泡沫

从20世纪70年代起中国香港便出现了房地产热，来自世界各地的资金蜂拥而入，在各种因素的推动下，中国香港的房价和地价急剧上升，80年代初中国香港已成为仅次于日本的全世界房价最高的地区，1984~1997年，中国香港房价年平均增长超过20%。城市中心区域每平方米房价高达十几万港元。受房价飞涨的刺激，中国香港的房地产投机迅速盛行起来，出现了一大批"炒楼族"，人们盲目地投资房地产，房地产泡沫似雪球越滚越大。

1997年的东南亚金融危机导致中国香港房地产泡沫破裂，1998~2004年，中国香港房价大幅下跌。有专家计算，从1997~2002年的5年时间间，中国香港房地产和股市总市值共损失约8万亿港元，比同期香港的生产总值还多。

对于普通市民而言，房地产泡沫破灭的经历更是不堪回首，在这场泡沫破裂过程中，中国香港平均每位业主损失267万港元，有十多万人由百万"富翁"迅速变成了百万"负翁"。

5. 海南房地产泡沫

1988年8月海南岛成为我国第31个省级行政区，这里很快成了全国各地淘金者的"理想国"，总人数不过655.8万的海岛上最多时出现了两万多家房地产公司，投机性需求最高时占到了市场需求的70%以上，一些房子甚至还停留在设计图纸阶段，就已经被卖了好几道手。

泡沫生成期间，以四大商业银行为首，银行资金、国企、乡镇企业和民营企业的资本通过各种渠道源源不断涌入海南。从1991年到1993年，短短三年，海南商品房平均价格增长超过4倍。

1993年6月，国务院发布《关于当前经济情况和加强宏观调控意见》，海南房地产泡沫随即破裂，数千家开发商，最后的遗产是600多栋"烂尾楼"、18834

公顷闲置土地和800亿元积压资金,仅四大国有商业银行的坏账就高达300亿元,银行顿时成为最大的发展商,不少银行的不良贷款率一度高达60%以上。

从1999年开始,海南省用了整整七年的时间,处置积压房地产的工作才基本结束,直到2006年下半年,海南房地产才重新开始出现了缓慢的恢复性增长。

第五节 新房价格构成与定价机制

一、新房的价格构成

很多人觉得好奇,明明房子的造价每平方米只有三四千元,为何房价每平方米却高达两三万元。看到上市公司的报表,净利润不及10%,还有很多房地产开发企业会破产,这到底是怎么回事?

下面简单介绍一下新房价格的主要构成。

1. 土地成本

土地出让金,是土地成本中的主要部分,如征地补偿费、拆迁安置补偿费、土地平整费等,通常土地成本占房价的30%~40%。

近些年伴随地价不断攀升,土地成本占比也逐步升高,成为推动房价上涨的重要因素。城市层级越高,土地成本占比通常也越高,在一线城市土地成本占比可达40%~50%,竞相地块更高。

2. 建筑安装成本

建筑安装成本包括住宅建筑安装工程费、附属工程费、室外工程费、公共配套工程费、环卫绿化工程费等,整体算下来,一般占房价的20%~35%,精装修的楼盘会更高些。在大城市中由于房价较高,建筑安装成本占比相对更低。

3. 房地产相关税费成本

开发商从拿地到销售需缴纳的税费一般占房价的12%~15%。主要涉及税种有增值税、企业所得税及契税等,不同城市的税费缴纳比例和金额会有一些差别。

4. 销售管理成本

销售管理成本一般占房价10%~15%,包括开发商经营管理成本、广告宣传、

营销代理、资金财务成本及其他费用等。房企不同,销售管理成本占比差别较大。此外市场不景气时,销售成本会明显提高,有些海景房可达 10% 以上。

5. 开发商利润

除去上述成本支出,剩下部分就是利润,一般占房价 8%~15%。当然有的楼盘拿地早,土地成本低,土地溢价率更高,因而利润相比更高。

从上面五部分构成来看,主要影响因素不同,各个楼盘的成本差别很大,而在北京这样的大城市,通过市场拍卖拿地与建筑安装成本相对透明,企业之间重点比拼运营管理与销售能力。

根据以上各项支出进行累加,就可以大概得出新房的底价了,把成本收回来是开发商定价的底线,同时也会参考周边楼盘的市场价格,随行就市。

制作面包的面粉、原材料价格及人工成本逐年上升,这样面包价格自然就会上涨,因而房价伴随成本的提高而上升,尤其地价不断攀升成为助涨房价的动力。当然根本影响因素还是区域内的供求关系,市场供不应求,必然导致房价上涨。

二、新房的定价机制

商品房价格一般都是随行就市,近些年房价快速上涨,为此部分地方政府出台新房限价措施,限定最高售卖价格,在土地等成本固定的情况下,开发商只能压低其他各项成本,同时定价空间也明显收窄。

当然,房价的定价还是讲究技巧的。具体来说,一般先行设置内部认购时期的价格,目的是摸清楼盘由价格表现的各项条件的市场接受程度。内部认购价可根据成本加成法,并参照附近地区楼盘价,以较低为好。

如果市场表现踊跃,可在公开发售时作向上调整,幅度一般不大。如果市场表现冷淡,表明内部认购价格定高了,可以采取提高装修标准,或增加提供优质服务,或送物业费及其他附加费等措施吸引客户,争取公开发售成功。总之,楼盘开售后,价格只升不跌,给予客户信心,使潜在客户受到刺激,产生购买的欲望。

三、商品房明码标价

商品房销售明码标价是指开发企业按照《商品房销售明码标价规定》的要

求公开标示商品房价格、相关收费以及影响价格的其他因素。

商品房销售实行一套一标，标示建筑面积单价或套内建筑面积单价，并明确标示与商品房价格密切相关的因素，包括：土地性质、土地使用起止年限、容积率、绿化率、车位配比率、当期销售的房源情况以及每套房的销售状态、楼层、户型、建筑面积、套内建筑面积和分摊的共有建筑面积、优惠折扣及享受优惠折扣的条件等。

第六节　房价波动规律及影响因素

一、房价波动的基本规律

一般来说，房价水平主要取决于信贷政策与税收政策、购房者数量、收入水平、供给数量等因素。房产价格与购房者数量正相关，与购房者可以获得的资金正相关，而与房地产市场的供给数量成反向变动。

在常态下，房地产价格运行的基本规律是呈震荡上行趋势，只有在发生战争、瘟疫、连续的地震、特殊的政治事件、经济危机、严厉的调控、税制调整等特殊情况下房价才会持续下跌。

影响房价涨落的因素有几十种（见表2-2），如经济发展状况、经济发展模式、人口数量、家庭结构、收入增长速度、房价收入比、消费文化与消费心理、房租增长速度、货币和信贷政策、货币流动性、税收政策、通胀状况、利率水平、市场供求关系、建安成本、旧城改造、土地价格、购房相关政策、各种重大自然灾害等各类因素对房价的正负效应此消彼长，作用的方向和影响程度不同。

表　2-2

促使房价上涨的因素	抑制房价上涨的因素
经济快速发展	经济转型发展
居民收入提高	信贷政策收紧
隐性通货膨胀	开征收房产税
城市化的进程	增大供应面积
区域重新规划	大量保障住房

（续）

促使房价上涨的因素	抑制房价上涨的因素
拆迁带来需求	农村土地入市
土地资源紧缺	城市重心转移
交通环境改善	空置住房过多
住房性能提高	重大自然灾害

1. 房贷政策是房价涨落的阀门

那么影响房价的关键因素是什么呢？对此这些年来众说纷纭，其实房价涨落的关键是央行的信贷政策。信贷政策才是影响楼市的重要风向标，它就像水龙头一样左右着楼市资金的供给，影响着房价的涨落幅度。

房价上涨是一种货币现象，货币总量与流动性决定了房产的价格水平。可以说，房地产的需求主要由全社会货币数量的多寡决定的，有多少钱也就可以买多少房子。

历次货币与信用宽松，一旦广义货币 M2（反映货币供应量的重要指标）大幅反弹，通常超过 12% 那么房价就会全面上涨。2007 年 M2 的总量是 40 万亿元，而今已达 210 万亿元，它带动了楼房销售面积与销售价格增长，其增长幅度与 M2 增长幅度呈正态关系。可以说，每一次房价大涨都源于宽松的货币政策与信贷政策。

而一旦水龙头被拧紧，换房需求、投资需求被降低，恐慌性购房需求消失，那么供求关系就会出现转变，市场僵持一段时间后房价调整会随之出现，至于说回调多少则很大程度上取决于房贷调控执行的力度及时长。

我们通过了解央行货币政策及执行情况，并与其他相关政策等一同分析，即可初步得出一段时间内住房等资产价格总体走势大致的情况。

货币宽松与否的另一个标志是看存款准备金率，这对楼市影响很大，央行通过调整存款准备金率可以冻结一部分流动资金，影响金融机构的信贷扩张能力，从而间接调控货币供应量，银根收紧对房地产行业的负面影响是显而易见的，无论开发商还是购房者都会因此会受到一定影响，楼市的活跃程度也会随之降低。

从过去一些年的观察来看，房价变动和利率存在着明显的关联，一般利率下调后，房价都会上涨，当利率下降到低值，房价随后会达到高峰。反之利率上升，房价则会随之下降，利率见顶，房价随后会跌入谷底。

可见，利率水平也是影响房价的关键指标。实际负利率持续时间过长，在通胀预期作用下，大多数理性的人群都会考虑选择保值增值的资产，房产往往作为首选。长期负利率降低了住房投资的风险，刺激了投资需求，进而推高房价。

2014年9月30日开始，央行连续五次降准、六次降息，再加上其他刺激性购房优惠政策，于是各地房地产市场陆续出现了火热的局面，大部分城市房价快速上涨。

加息在一定程度上加大了购房者的负担，抑制一定的买房需求，使购房者产生持币待购心理，从而导致需求量下降，因此分析利率的走势是判断房价涨落的重要标尺。一般情况下，一旦房贷利率达到6%以上，这时房价停止上涨，资金成本太高，房产投资就难以赚钱。

从宏观层面来看，货币政策与信贷政策决定了房价的总体水平，尤其房贷利率更像是房价的指挥棒。广义货币M2、存款准备金率和房贷利率，这三项是判断货币政策宽松与否的重要指标，影响着房价的涨落幅度，也影响着我们的钱袋子，值得密切关注。

2. 库存与供需状况影响房价走势

此外市场的库存与供需状况也是区域性重要参考指标，在货币相对宽松阶段，有的城市房价会出现大涨，也有的城市涨幅并不明显，比如说重庆、成都等地都曾出现房价五六年没有明显上涨的情况，这与市场供需平衡密切相关。

房价围绕供需状态不断波动，当市场处于供大于求的状态时，房价下跌概率会大增。过去十年间，供需不平衡导致很多城市房价不断上涨，住房供应情况对于稳定房价至关重要，限购、限价等行政手段并不能从根本上解决房价不断上涨的问题，只有大幅增加供应才能遏制房价上涨。

资金流向也是房产价格的风向标，当各类资金大举进入楼市时，房价会随之不断提高。银行、股市等金融领域工作的人员，对资本流向等方面信息比较多，他们的购房行为值得关注。

在研判信贷政策基础上，分析市场的库存与供需状况，可以判断城市一段时期内房价的走势。而城市中各个区域的情况不尽相同，还需要具体分析，了解周边土地拍卖成交价格及区域住房空置状况，研究周边新房和二手房价格，这样可以对微观房价走势有更为清晰的研判。

二、避免陷入房价的误区

对房价的认识方面很多人存在着误区，以下这几点建议供大家参考：

（1）不要对短期波动过于敏感，买房自住或投资一般都要经历三五年，乃至更长的时间，一年内房价小幅涨落都很正常，后续涨幅更重要，无论买房自住还是投资，关键是看中长期的趋势。

目前的土地财政制度和都市化进程，决定了大城市易涨难跌的局面，也决定了中心城市房价，即便有一定程度调整，也迟早会涨回来，楼市肯定还会有新一轮的春天。

（2）全国以及城市平均房价没有实质意义，就好比一月天气预报，黑龙江零下30摄氏度，三亚零上30摄氏度，平均温度为零度，有意义吗？肯定没有，正确的方法是结合某个区域或某个住区来分析房价涨落幅度以及判断趋势。

（3）不要过度比较单价，总价与性价比更加重要。相比单价，总价才决定着我们能不能买得起，而性价比则是值不值得买的重要依据。

第七节　住宅产品的主要类型

自1998年房改以来，我国住房市场逐步出现了商品房一头独大的局面，而今后一段时期，将进入保障性住房建设"加速跑"的阶段，商品房与保障性住房鼎立的格局已经形成。

一、商品房

1. 普通住宅

普通住宅一般是指按照一般民用住宅标准建造的居住用住宅。普通住宅是最为普遍，数量最多的住宅形式。普通住宅与其他住宅的具体标准划分界限，目前一般根据国家税收标准上下浮动，由各地方规定。普通住宅在交易过程中，可享受契税、营业税、土地增值税等税费的减免。

近些年房价快速上涨，大部分原本属于普通住宅的住房已经不符合标准，因此价格因素并不能完全作为衡量普通住宅的标准，一般大城市普通住宅具有如下一些特征：

（1）区位：新建普通住宅一般都位于城市边缘区域及城乡接合部，对公共交通的依赖度很高。

（2）住区规划：容积率一般较高，建筑密度较大，高层板楼与高层塔楼居多，社区环境一般。

（3）户型：两居与三居居多，面积75~120m²不等。

（4）房价：价格适中，物业费一般较低。

（5）目标消费者：城市居民中等及偏下的群体及农村进城群体。

目前新建普通住宅一般位置较偏远，大部分交通与配套设施相对不太完善，且以高层居多，生活环境一般；而城市中心区的旧房也大都是普通住宅，多层居多，与新建普通住宅相比面积偏小，户型不尽合理，不过一般使用率较高，且位置较好，附近交通发达，适合首次（过渡型）置业者考虑。

2. 花园洋房

花园洋房属低密度住宅，一般是指建在郊区，具有明显的外国建筑风格或现代建筑风格，六层以下的多层板式住宅，以四层至六层为主，强调景观均好，绿化率较高。一般首层赠送花园，顶层赠送露台。

花园洋房的基本特征：

（1）建筑风格：多为外国风格，欧洲和北美风格居多，也有一些现代建筑风格。

（2）住区规划：建筑密度很低（容积率一般小于1.2），绿化率较高，强调景观均好，首层普遍拥有私家花园；有些住区可以实现户户有花园。

（3）区位环境：花园洋房是住宅郊区化的产物，普遍分布于市郊一带，距离市区有一定距离，不过近年也有向城市发展的趋势；周边及社区内环境舒适而宁静，自然条件较好。

（4）户型：主流户型为100~180m²，一般都赠送不同面积的空间，使用面积一般都大于购买面积。

（5）目标消费者：中高收入人群，以中产阶层为主。

（6）价格：一般低于城市中心区的平均价格。

花园洋房距离城市一般有半小时到一小时的车程，不过以优美的自然环境和舒适的生活形态吸引着购房者，但在交通、教育、生活、医疗等配套方面存

在着不同程度的不足，近年来随着城市化进程，花园洋房周边的交通、教育、生活等配套也正在逐步改善。花园洋房能够满足追求生活品质的改善型购房者的需求，对于具有一定经济条件的中老年购房者具有较强的吸引力。

3. 高端住宅

高端住宅一般是指在住宅市场发展的一定阶段，具有较高地域文脉认知度的区域内，能最大限度地满足少数高收入人群的居住需求，占有稀缺性资源或资源数量、标准及销售价格、各种产品性能指标、土地价值明显超出平均水平，价格敏感度低于品质敏感度的高级住宅形式。通常包括城市中心区的高级公寓或城市大宅，以及郊区的别墅和类别墅产品。

随着住宅产业的快速发展，各类住宅之间的差距越来越大，高端住宅与普通住宅的区别特征也越来越明显，主要体现在以下方面：

（1）区位：主要位于城市核心区、商务、金融、科技等产业周边区域，自然景观资源稀缺地带，这些区域都具有较高的认可度。

（2）客户：以企业高管人员、私营业主、海归、商贸金融人士、政府高层人士、外籍人士、房地产业内人士、文艺界人士等少数高收入人群为目标。

（3）资源：占有稀缺性资源或资源数量及标准明显超出平均水平；位于市区的高端住宅占有超过平均水平的公共资源，如高档商业配套、文化设施、发达的交通系统，而位于郊区的高端住宅占有超过平均水平的土地及自然景观资源。

（4）产品：各项产品性能指标明显超出平均水平，体现在产品套型面积、空间尺度、产品标准及设备等方面性能指标明显超过普通住宅产品；且各种产品性能指标随着住宅市场及科技发展而发生变化，不同阶段具有不同的品质标准。

（5）价格：以价格明显超出平均水平为重要表征，交易价格明显超出区域内一般住宅价格，并且其价格敏感度低于品质敏感度。

（6）服务：物业服务大都选择专业化品牌公司，服务内容、服务质量标准明显超出平均水平，且强调满足业主个性化需求，体现专属性服务特征。

高端住宅在不同城市、不同区位产品品质标准及价格水平有很大的差距，很难用统一的量化标准来衡量。高端住宅是身份象征，可以满足高端人群特殊的精神需求及对高品质生活的追求，不过资源毕竟是有限的，因此高端住宅的数量也是有限的。

由于供地占比减少，预计未来大城市中心的新商品房将逐步走向高端化，如北京一套商品房七八百万元起步都很正常，而限竞房价格则普遍在400万~500万元，共有产权房一般在150万~200万元，按照3成首付，60万元左右的准入门槛，对于在北京工作五六年的年轻人而言还是够得着的，而父母如果经济条件稍好，则可以考虑限竞房，等将来到时机成熟再买入商品房。

与过去一些年绝大部分家庭只能买商品房相比，这种不同价位的梯级住房消费是比较理想的，我们可以根据家庭经济条件对号入座。大城市房产保值与增值性肯定好于大部分三四线城市，因此如果有相应资格，还是值得优先考虑。

二、保障房

保障性住房是政府在对中低收入家庭实行分类保障过程中所提供的限定供应对象、建设标准、销售价格或租金标准，具有社会保障性质的住房，主要有以下几类。

1. 经济适用房

政府提高政策优惠，限定建设标准、供应对象和销售价格，具有保障性质的政策性商品住房。政府通过无偿提供土地和限制开发商利润等政策措施来向居民提供低于市场价格的住房。居民在购买一定年限后经批准并缴纳相应费用可以将其所购房屋以市价进行出售。

2. 廉租房

廉租房是政府或机构拥有，以低廉的租金出租，廉租房只租不售。低收入家庭对廉租住房没有产权，是非产权的保障性住房。

3. 公共租赁房

指通过政府或政府委托的机构，按照市场租价向中低收入的住房困难家庭提供可租赁的住房，同时政府对承租家庭按月支付相应标准的租房补贴。

除了共有产权房，公租房也是解决新市民群体住房的一种保障房形式。公共租赁住房由政府或公共机构所有，以低于市场价的价格，向新市民及新就业职工出租，出租对象包括一些新的大学毕业生，还有一些从外地迁移到城市工作的群体。

过几年后，当这部分群体有了一定支付能力，再到市场购买或承租其他住房。

这种由政府建设、低于市场租金限价出租、能长期稳定居住的保障性住房，给夹心层群体以清晰的解决住房路径。

住建部会议提出，人口流入量多、公租房需求大的大中城市，要切实增加公租房供给；加快推进公租房租赁补贴，这是政府年度重要推进事项之一，尤其一二线城市都会重点推进，对于收入较低群体而言同样是利好。

4. 定向安置房

安置房是政府进行城市道路建设和其他公共设施建设项目时，对被拆迁住户进行安置所建的房屋。安置的对象是城市居民被拆迁户，也包括征地拆迁房屋的农户。

5. 共有产权房

共有产权房是政策性住房的一种，就是地方政府让渡了部分土地出让收益，然后低价配售给符合条件的保障对象，按个人与政府的出资比例，共同拥有房屋产权，市民在一定期限内可向政府"赎回"产权。

目前北京、上海、南京、烟台、福州、珠海、厦门等十几个大城市均已开始推出共有产权房试点，共有产权房将会成为大城市中解决"夹心层"住房问题的重要途径，不同收入群体住房保障供应体系已基本成型，每个家庭可以根据自身经济状况与实际需求对号入座，选择适合自己的居住方式。

当然共有产权房也不是谁都可以买，只供应符合条件的无房家庭，购房人与政府指定的代持机构按比例持有房屋产权，产权份额参照项目销售均价占同地段、同品质普通商品住房价格的比例确定。因为有部分产权让渡给了政府，相当于购房者只是买了房子的部分产权而已，所以总价较低，购房者的首付和月供压力都会轻松很多。

北京首个共有产权住房项目朝阳区锦都家园，规定个人持有 50% 产权，政府委托的机构持有剩余 50%，个人购买按照 2.2 万元 /m^2 来计算。购买共有产权住房未满 5 年的，不许转让。5 年后才能转让，转让的时候，政府持有的部分是不卖的，购房人只能按照市场价格转让持有的部分，代持机构有优先购买权。

按道理说，共有产权房应该会成为很多刚需的选择，但是情况恰恰相反，在有的区域，共有产权房模式遭遇了少有人响应的窘境。因为"低总价"的便宜不是这么好占的，不少共有产权房是从自住房、限价房转化而来，价格和质量一般较低，具体则要取决于开发商的良心，相比于普通商品房而言，共有产权的在房屋的质量、户型、采光、容积率上，都或多或少存在一定的瑕疵。

此外，大量的共有产权房分布在城市的近郊或远郊，很多房源地段不好，交通配套也不是很完善，宜居度相对较低。这类住房可以满足低收入阶层基本的居住问题，而从投资角度看价值较低。

当然也有一些位于城市中心区的共有产权房相对抢手，如果有资格可以争取一下。

保障房的目标人群是中低收入群体，其中大部分人没有购买商品房的经济能力，尽管保障房供应数量庞大，但细分后不难看出，保障房可以分流部分需求，改善总体供需结构，与商品房展开错位竞争，但其中能够对商品房构成实质性冲击的部分相对有限。

保障房与普通商品房相比优势在于价格较低，而劣势在于大部分都远离城区，位置较为偏远。为了维持低房价，很多地方的保障房选在土地与补偿价格低廉的偏远地区，这些地区的交通及教育、医疗、生活服务等基本公共配套设施很不完善，低水平的保障让中低收入群体的生活水平难以提升。

保障房建设对各类城市房地产市场的影响也会有所不同，一二线房价较高的城市，商品房与保障房价格落差较大。

而很多三四线城市房地产供给以普通商品房为主，与保障房价格落差较小，影响会相对有限。大部分保障房都远离城区，位置较为偏远，因此对城区尤其是城市中心区房价的影响相对有限。

第三章 选房技术篇

——站在未来看现在,多向比较、客观评判

【智慧选房心法】以发展的眼光看现在

第一节　选择城市改善生存环境

近二十年来消失的村庄不计其数，再看未来十年、二十年，伴随都市圈和城市群化进程，全国范围人口与优质资源大转移，衰败和萎缩的中小城市也将随处可见，因此选择城市非常重要。

一、把握城市大变局中的新机遇

1. 把握放开城市落户限制的历史性机遇

国家发展改革委发布的《2019年新型城镇化建设重点任务》文件，在人口落户、城镇化建设等方面提出了很多开创性的意见，为下一阶段城市发展定调。

文件中提出，城区常住人口100万~300万的Ⅱ型大城市要全面取消落户限制；城区常住人口300万~500万的Ⅰ型大城市要全面放开、放宽落户条件，并全面取消重点群体落户限制；超大特大城市要调整完善积分落户政策，大幅增加了落户规模。

按照文件精神，除了北上广深，还有武汉、重庆、天津等10座城市都必须完善积分落户政策，大幅增加落户规模，其他的城市则要放宽或取消落户条件。此举落实了国家要放开、放宽除北京上海之外的城市落户限制的意图。高质量人口向核心城市聚集，2.5亿高素质人口迁徙，这将会决定未来的城市格局，政策影响深远。

文件还提出，收缩型中小城市要瘦身强体，严控增量、盘活存量，引导人口和公共资源向城区集中。这意味着相当一部分小城市伴随人口净流出，生命周期已经步进了"晚年"。

先放宽大城市落户条件，再挤压小城市发展"水分"，对人口的流动做了强有力的引导，未来中心城市获得政策红利将越来越强大，而很多缺少产业支撑的中小城市则将逐步收缩或萎缩，这样一来城市格局将出现天翻地覆的变化。

目前八成以上城市是中小城市，人口源源不断流失的同时，房产价值将会因而缩水，也就是说，房产的保值与增值性将大大降低，因此回到中小城市老家去买房一定要慎重。

比如说东北很多地区房地产市场都不景气，主要原因就在于人口外流严重，一部分去往沈阳和大连以及北京等大城市定居，另一部分购房资金则流入了海南、山东、河北等省的海滨城市。

2."抢人大战"将会加剧优胜劣汰

据不完全统计，仅 2018 年就有北京、天津、重庆、成都、武汉、杭州、南京、青岛、长沙、无锡、郑州、沈阳、西安等，超过 50 个城市发布了有史以来力度最大的人才吸引政策。

如今"抢人大战"已经在全国遍地开花，2019 年以来，全国又有数十个城市发布人才引进或落户新政，其中多数城市均为二线城市或省会城市，如海口、大连、南京、常州、西安和石家庄等。

各大城市都推出了自己的人才吸引策略，以低门槛和高补贴吸引人口流入，可以说，"抢人大战"抢的是人口以及人口附带的资源，抢的是年轻人背后的六个钱包，更抢的是整个城市的发展潜力。

实施人才新政以来，西安市户籍人口增加了 155 万，成了本轮人才大战的排头兵。2017 年北京也推出人口落户新政，建立优秀人才引进的"绿色通道"，上海则提出"人才高峰"工程行动方案，要"聚天下英才而用之"！呼和浩特印发通知，部分本科及以上学历应往届生可半价买房。

2019 年 5 月南京市发布的《南京市企业博士安居工程实施办法》，博士买房首付按最低比例执行，租房每月补贴 2000 元，可以说，在这里，读书不仅有用，而且还能赢在买房起跑线。此外想在南京落户，最方便快捷的方式就是买一套房子。

石家庄更是一步到位，率先开始"零门槛落户"的试水，全面放开城区城镇落户，今后只需要身份证户口本即可申请户口迁入，配偶、子女与双方父母户口可一并随迁。

广州"抢人"再提速：取消硕博社保年限，本科连续半年社保即可入户。从 2016 到 2035 年，广州规划人口再增加 600 万，也就是说年均要增加 30 万人左右。那么这 600 万人口会来自哪里呢？一方面会吸引全国各地精英，另一方面也会大量聚集来自收缩型城市的人口。

这些城市推出落户与购房补贴、生活补贴、配套保障多项激励政策，推进了人才本土化，一方面人才的价值正在被重塑，另一方面通过激活各大城市的潜能，从而带动区域发展。这是新一轮改革的前奏，预示着未来十年城市将会出现大变局。

从一线城市来看：由单边汇聚全国优质资源向多维疏解优化转变。其人才吸引格局从面向全国扩大为面向全世界。

从新一线及二线城市来看：由以前吸纳省域人口向吸引全国人才转变。这些城市要想进一步做大城市规模，其人才吸引格局从面向全省扩大为面向全国，因此要通过有利的政策鼓励，人才进一步向这些城市聚集。

如今这一场城市间的人才争夺战，势必会掀起新一轮大规模的移居择居的浪潮。未来我国城镇化的新趋势是"城市群+都市圈"的发展模式，以核心城市带动城市群的发展，中心城市、都市圈和城市群是未来人口集聚和产业集聚的主阵营。可以说，城市化 2.0 阶段已到来，与 1.0 阶段将会出现天壤之别，各大城市的定位与发展方向日渐清晰。

不断增长的人口是产业发展的基础，只有新市民源源不断涌入，才能给城市发展带来增量和活力，政策已经指明了方向，接下来的"抢人大战"还会更加激烈。城市之间大洗牌，引导资源流动，最终会导致分化加剧。

3. 自由选择落户时如何择居

未来城市与区域格局，以及城乡格局都将会出现巨大的转变，各城落户条件都将陆续放松，个体自由选择落户城市的时代到来了，那么我们该如何做好选择呢？可以着重从以下三方面来把握：

（1）选择潜力区域

首先，要考虑北方与南方的差别和特点。改革开放以来，南方经济占比不断提升，已经达到 6 成以上，未来差距还会逐步拉大，像粤港澳大湾区和海南的发展速度仍会明显快过北方。选择有发展潜力的区域，把握区域发展红利是大的前提。

其次，不仅仅要看那些优惠补贴，还要有长远的眼光。一方面，分析未来城市发展的潜力，比如城市的发展规划、产业结构、基础设施、交通便捷程度等，这些会影响对外来人口的吸引力强弱；另一方面，城市的历史积淀与人文素养、房价高低等，这都是城市软实力的重要组成部分。

第三，要考虑城市发展经济实力。经济实力方面排序是有目共睹的，第一梯队是长三角、珠三角、京津冀三大都市圈；第二梯队是中西部大城市及周边地区；第三梯队是其他省会城市及省内重点城市。

（2）选择重点城市

各大城市推出人才新政，并非所有的城市都是真金白银，从城市潜力与价值来看，北上广深肯定是第一选择，北京和上海已经提出控制人口规模，注定不可能大规模引进人才，而且高昂的房价和生活成本也增加了外来人口扎根的难度。

如果没有合适机会，环京、环沪、环深临近区域也值得考虑，像廊坊北三县是首都经济圈的一部分，即便短期内不会划入北京，虽没有其名也会有其实。比如临近北京通州的燕郊不再仅属河北，也是大北京的一部分。

伴随政策支持和资源倾斜，二线城市（尤其是新一线）如杭州、武汉、成都、重庆、苏州、郑州、青岛等城市，作为区域中心，前景看好，将成为这一轮城市升级与人才竞争的最大获利者，未来有巨大的发展空间，值得我们在选择城市时优先考虑。

还有"强省会"已经成为趋势，其他省会城市，由于拥有政治资源及区域内强大吸引力，未来十年发展速度仍将明显快过其他省内城市。

而大部分三四线城市本身资源缺失、产业结构陈旧和基础设施落后导致吸引力将逐步降低。

（3）区分优化选择

一线城市并非哪个方面都好，比如说北京的雾霾、堵车、高房价等问题，想必大家都有所体会，反而一些二线城市更宜居。因而没有最好，只有最适合，还要综合气候适宜度及就业机会等方面因素。

各城市产业发展重点大不同，你的专业技术能否有用武之地，以及未来是否有发展潜力，值得认真思量。还有各地政策的优惠条件及倾向性不尽相同，要根据自身条件来对号入座，安居乐业两者必须同时兼顾。

还有要从家庭需求出发做选择，比如各城市学区资源差别很大，有了天津户口，子女高考优先，考同一所重点大学，录取分数线比北京还低几十分，明显不在同一个起跑线上。

二、选对都市圈

1. 都市圈战略将重塑城市格局

面临着城市之间的取舍，未来哪些城市的发展空间更大呢？北上广深就是最好的选择吗？其实这倒未必，未来我国发展潜力大的城市都在都市圈中。

2019年"都市圈"成为热门话题，2019年2月21日国家发展改革委发布了《关于培育发展现代化都市圈的指导意见》，首次在顶层设计层面为都市圈发展提出了指导意见，明确了都市圈的概念，提出到2035年形成若干具有全球影响力的都市圈。

国家层面都市圈的战略布局已经明确，这被视为重塑我国城市格局的宣言，各大中心城市继2018年"抢人才"大战之后，2019年又相继打响了"都市圈"大战，伴随着户籍制度的放开，人财物正加速向各大都市圈聚集，无形中新一轮的城市大洗牌已经到来，未来5～10年我国的城市格局势必将发生巨变。

据预测，到2035年，未来2/3的新增城镇人口都集中在核心都市圈，而很多没有在都市圈内的中小城镇则会逐步走向衰落乃至消失，正因为如此，回县城买房要特别注意。

放宽城市落户限制之后，像粤港澳大湾区这种自然气候好、就业机会更多、市场化程度高、人才政策更好的区域，可以满足人们对更高收入、更多机会和更好生活质量的向往，增量人口将会不断涌入。人口流动的表层之下，是产业版图的重构。产业的投向与人口的流向高度相似，哪里能更多更好地集聚优质产业，哪里就能在都市圈竞争中取得优势地位。

构建都市圈过程中，轨道交通至关重要，高铁、城际铁路和地铁将构成一个网络，目前各都市圈都在建设一小时通勤圈。与此同时，伴随教育、医疗、商业资源、公共服务一体化，生活更舒适，都市圈中小城市生活的幸福感将有可能高于中心城区。

2. 都市圈发展将是择居新机遇

都市圈将重塑城市空间布局和产业格局，事关城市的兴衰变迁，决定城市的价值水平，这是我们研判城市发展潜力的重要维度，同时也是我们择居选房的方向与依据。

对房价中长期影响最大的是人口的增量，房价走势归根结底取决于真实居住的需求，而一个城市真实居住的需求又取决于其常住人口的变化。常住人口增长了，房价必然有上涨的潜力。未来人口增长快的城市主要在哪里呢？那就是都市圈中的核心城市及周边卫星城。

那么到底有哪些都市圈值得关注呢？《中国都市圈发展报告2018》中识别

出的34个都市圈，包括上海、广州、深圳、北京、天津、杭州、苏州、成都、长沙、武汉、重庆、郑州、沈阳、南京、大连、西安、宁波、厦门、合肥、石家庄、济南、哈尔滨、福州、南昌、昆明、长春、太原等，主要为一二线城市及以及省会与区域中心城市为中心组成。

当然这些都市圈也并非齐头并进，发展阶段各有不同。目前上海、北京、深莞惠三大都市圈最发达，会最先成熟；而像太原都市圈、长春都市圈等则相对落后一些，仍有待发展，自然对人口吸引力相对弱一点。

在恒大研究院发布的《2019年中国十大最具潜力都市圈排名》中，入围十大最具发展潜力都市圈的分别为上海、北京、深莞惠、广佛肇、南京、成都、杭州、重庆、武汉、长株潭。

就城市发展而言，未来的一线城市会变成全球型城市，杭州、武汉、天津、郑州、成都、重庆、西安等国家中心城市会晋级成为新一线城市，这些城市的价值崛起将是大概率事件。

2018年粤港澳大湾区备受追捧，2019年以来长三角热度直线上升，而伴随北京城市副中心与雄安新区的全面推进，京津冀也将迎来新一轮高潮。

以北京都市圈为例，内部一体化进程已经开始提速，东部通州在强化与河北廊坊北三县的四统一：统一规划、统一标准、统一政策、统一管控。北京市属产业、教育、医疗配套等相关资源正全面集中地向北三县疏解，除了地铁等基础设施向北三县延伸布局，生态廊道绿道、公共服务设施等也逐步走向一体化，北三县开始快速通州化，这样价值基础就会逐步提升、夯实。

3. 以"三生标准"围绕都市圈进行优选

伴随都市圈一体化进程，其内部将会出现价值调整，被列为重点发展的副中心城市被赋予的政策、资源红利更多，因而发展潜力更大，比如通州北京城市副中心、广东省副中心城市珠海，还有临近上海的南通和嘉善等地近年来成了热点城市，从长远看增值空间肯定将超过同级别的城市。

首先，城市核心区房价虽然仍会继续上涨，而涨幅将不如人口增量显著的新区、近郊区。此前都市圈内落差明显的房价，会逐步呈现梯级分布的趋势，差距会缩小。也就是说，都市圈内的卫星城与中心城区的房价落差会减小。

比如临近北京通州的燕郊，其区位相当于"通二环"，目前房价水平只有通州1/3左右，伴随一体化进程，尤其地铁开通之后，几分钟可达，两地的价差势必会进一步收窄。

总之，人口与资金的流动预示着房地产市场格局的变化，今后选择买房的城市时，尽可能围绕都市圈进行选择，从发展潜力与增值空间来看，新一线城市与副中心城市是最佳选择。

其次，都市圈临近中心城区且轨道交通便捷的卫星城市，伴随宜居度提高，价值也将会不断提升；核心城市老城区，未来发展会相对缓慢，房价很高，不过很成熟，伴随旧改政策，还有优化改善的空间，房产的保值性会很强。

衡量区域宜居度及其价值有"三生标准"，即将生产、生活和生态三个维度作为衡量标准。产业优先，有了产业也就有了人气，有了人气随之就有了住房需求，这才是可持续发展的模式。

都市圈战略加速区域一体化进程，重塑城市空间布局和产业格局以及各区域价值，核心城市产业、人口及资源外溢提速，周边区域价值与宜居程度不断提升。

三、选对区域

1. 关注城市规划

查看城市与区域规划，了解城市发展趋势，分析住宅所在区位的发展潜力，寻找潜在价值洼地，对于房产保值与增值及提升居住生活品质来说意义重大。

城市公共或基础设施改善对房地产影响很大，一个区域的开发和建设，对区域内的房价影响是长期和持续不断的，以北京为例，奥运区域、南城建设、聚焦通州等城市规划极大影响了相关区域房产的价值。

一般城市规划审议通过后，都会有一定时间公开展示，对区域现状与发展前景进行评估，通过参观分析即可得出潜在的升值空间。很多时候我们不需要看懂图纸，只要了解趋势与大意，把握大方向，并对区域潜在价值做出客观评估即可。

2. 规划的落地

谁都希望自家房子所在的区域规划升级，可以成为当地重点发展的区域，这样自己就能享受到升级的红利。因此有些人很敏锐，会密切关注官方的规划信息，毕竟潜力区域的发展方向都藏在这些信息中。

那么这些区域规划的利好消息到底有没有价值呢？当然有，不过只是参考

价值而已，全国各地都出现过不少修改规划的情况。

例如雄安新区横空出世后，数万投资者快速涌入寻找机会，结果竹篮打水一场空。可能有人会很羡慕此前在当地买房的，可是很多人交了买房款，由于规划变更，楼盘一直没有开工建设，其损失不言而喻。再比如海南自由贸易港发布后，也是数万人漂洋过海去买房，之后全国最严的楼市调控出台，很多投资者因高位接盘而被套牢，代价很大。

[案例3-1] 北京通州新城

2010年3月通州新城规划高调亮相，大量投资者疯狂涌入，房价快速上升。有一位投资者认为是好时机，也跟着入市，当时以1.8万元/m^2的价位购置了一套房产，首付60万元，家里援助30万元，其余的按揭贷款，想等待六七月份房价再涨一些后卖出去赚一把。

2010年4月初，通州房价一度被炒到每平方米25000元至30000元。然而2010年4月17日，新"国八条"开启了新一轮的调控，欢呼声戛然而止。房价开始停涨，随后通州楼市步入调整阶段，投资者大都被套牢，很多人被迫在2014年低点时赔钱卖房。

在北京这样的城市投资房产也会亏钱，可能很多人都未必想到，2010~2015年，多少购房投资者曾度日如年。

2015年3月在通州做专场讲座，题目是《今年北京购房投资首选通州新城》有的人看后很快就入市买房，当时每平方米22000~25000元的二手房到了2016年9月涨至每平方米60000元以上。

为什么当时会做出这样的判断呢？因为在近5年期间数千亿资金已经投到通州新城建设当中，地铁6号线二期已通车，地上重点建设项目也已全面启动，局部区域正渐成形，今非昔比，通州楼市的价值基础已经夯实，区域整体价值得以明显提升。

从投资角度看，规划发布和即将建成阶段是两个重要的投资节点，2015年通州新城将迎来新一轮的投资机遇。因此无论从投资价值还是风险防控角度来看，通州新城无疑都是北京购房投资的首选。

这就是当时推导的逻辑，事实也证明了预判，因此千万不能盲目相信未来的规划，即便规划很宏大，还要考虑是否能落地，以及何时才能夯实价值基础，综合研判入市的最佳时段。

3. 研判潜力区域

房产增值潜力大的区域一般有两种情况：一是区域属于重点发展的潜力板块，二是目前区域内的房价水平相对较低。

那么哪些区域更具发展潜力呢？未来不同城市发展将会出现明显分化，同时城市内部不同区域之间也会出现分化，如城市核心区房价虽然仍会继续上涨，而涨幅可能不如有显著人口增量的新区、近郊区。

各城市会在重点发展方向布局产业与资源，人口也会随之流入。因而我们在做选择时，要沿着城市发展方向去布局，比如北京重点发展方向是向东和向南，深圳重点发展方向在西面，广州重点发展方向是向东和向南。

同时我们还要分析判断区域内房产的价格水平，了解这个区域过去两三年以及当下的房价情况，根据发展趋势预判未来几年的涨幅潜力，综合分析得出当前的价位是否值得买入。

如果一个区域成为热点，在近两年房价大涨，已经提前透支，那么接下来高位盘整的概率更大，这个阶段就不是很好的入场时机。而区域内重大项目落地，大量住宅上市，市场处于回调后的平稳期，房价水平相对合理，这时才是入场的好机会。

除了查看规划之外，选房前用些时间用脚丈量中心城区和热点区域做以对比，最好和当地土著及专业人士聊一聊，经过对比你就能发现哪些区域的房产未来增值潜力更大。

第二节　优选区位把握多元价值

一、地段：直接影响房产核心价值

房子可以改造，但地段无法改变。好的地段意味着稀缺的位置资源，是难以复制的，更是保值与增值的必要保证。当房价波动时，城市中核心地段房产的抗跌性显著优于其他地段。同时地段决定了交通与环境，决定了周边配套设施，决定了生活品质，决定了租金水平。房产作为不动产，地段的核心价值是选房时必须重点考虑的因素。

地段价值直接体现在地价上，近些年来核心地段地价不断升高，占房价的比重越来越高，房价与地价相互左右，节节升高，土地价值在很大程度上左右了房产的价格。一般业内人士可以通过最新拍地的地价来估算新房价格，这种房价与地价的对照关系普遍存在。

地段的价值与优劣可以从五个方面衡量，①在城市中的位置，是否符合人们的人文认知；②周边商业与商务繁荣程度，尤其是大型商业与综合体的数量；③交通便捷性，与地铁的距离和公交车数量及运营时长；④周边成熟度，是否有重要的教育、医疗等配套资源；⑤周边环境，是否临近公园与河流。

一个地段的价值不仅要看现状，还要看未来发展潜力，此外要根据家庭每个成员的生活、工作状况及发展的需求，来平衡选择最适宜的地段。一般年轻人优先选择上下班方便、交通便利的地段；有孩子的家庭需要考虑孩子就近上学，地段选择会以学校为优先目标；而老年人则会优先选择居住环境优美、医疗配套完善的周边区域。

二、交通条件：决定着不同生活方式

交通便捷性是影响生活品质及衡量物业价值的重要因素之一，住区外有多少公交车通过及通车时间，到最近地铁口的距离，交通顺畅还是拥挤，这些都是衡量交通便捷性的参考指标。

对于居住在大城市中的人来说，远与近是用时间而不是用距离来衡量的，轨道交通沿线会极大缩短时间成本，与城市通过快速路连接的新城，其交通状况比快速路中间区域更为便捷，也就是说，车程、车时概念逐渐取代了原来的绝对位置概念。

选择区位时还要注意交通是否方便，有的售楼广告提及开车二十分钟到城市核心区，实际上半夜不堵车时也许有可能，而平时则可能需要近一个小时左右，与理想状态相差甚远，还有的可能只是城市规划的中远期设想，购房者一定要不辞劳苦亲临实地调查。判断交通状况以早晚时间段为宜，掌握最不利的状态，做到心中有数。

购房者不仅要了解当前的交通状况，还需要了解今后一段时间内所在区域的交通规划情况，一方面这会影响今后的出行是否方便，另一方面也会对未来房产的价值产生一定的影响。

近些年各地轨道交通兴起，极大改善了城市的交通状况，节省了人们出行时间，不仅如此，轨道交通对沿线楼盘的价值有明显提升作用，尤其近些年郊区房价快速上涨很大程度上源自于轨道交通的快速发展，轨道交通沿线的楼盘对于购房者是不错的选择。

轨道交通由于其快速性和准时性，能明显地改善沿线物业的可达性和出行的便捷性，方便人们出行，拉近各区域的心理距离，产生"同区效应"，加快城区一体化。由此轨道交通建设常会产生"一线带活一片"的效应，促进其沿线区域的房产物业升值。

前些年一则关于北京城铁将延伸至燕郊的新闻，引发了燕郊楼市的火爆，原本因限贷而陷入低迷的一些楼盘很快人满为患，形成了一波抢购风潮，房价也因此而一路飙升。而事实上，这仅是城铁规划出台而已，建成开通还遥遥无期，尽管如此，购房者还是按捺不住城铁的冲击，由此可见轨道交通对于一些区域而言是何等重要。

轨道交通对房产的价值能起到增值和保值的作用，在房产价格出现周期性波动的时候，周边物业都能表现出较强的抗跌能力。从投资者的角度来看，轨道交通对于租赁市场激活的作用很明显，邻近轨道交通是提高出租率的有力保障，更具有保值的作用，因此说轨道交通是房地产项目的增值保值器不足为过。

轨道交通对房产价值的影响具有一定的规律性。总体而言，在不同的城市，由于其经济、规划及基础设施的完善程度不同，因此轨道交通在不同城市所影响的房地产增值效益是不一样的，不仅各个轨道站点的影响程度不一，对不同档次产品的影响程度也不同。对购房者而言，轨道交通是锦上添花还是雪中送炭，不同区位、不同时机的选择会产生不同的结果。

（1）轨道交通对房产的影响

北京是国内交通拥堵最严重的城市之一，交通成本明显高于其他城市，同比出行便利度的价值更高，因此轨道建设溢价较高；在同一个城市中接近城市边缘地区，这些地方交通大都不成熟，由于轨道交通建设对区位条件的改善幅度很大，房地产价值的增长受轨道交通建设的影响非常明显。

城市核心区域由于原有区位条件优越，商业配套成熟，地铁密度较大，修建新地铁对房产价格的影响不是很明显，同时随着交通网络的不断完善，地铁可达性的相对价值会随之降低，地铁对城市核心区域房产价值的影响程度将弱化。

（2）轨道交通对房产价值的影响

一般情况下，距离地铁站点越近，房产价值越高，但也不是越近越好，地

铁周边在一定程度上存在噪声、人流量大、治安较差等问题。从安全性、私密性角度来看，居住区与地铁站入口最好保持200m以上，大型站点人流量较大，距离再大一些为好。

研究表明，轨道交通对房屋的影响范围主要为距离地铁站点400～600m半径的区域，其中距离地铁站点200～300m的房屋，与距离地铁站点700～800m的房屋相比，同比房价最多可高出约三成。

从这个角度而言，距离地铁站点200～500m，步行5～10分钟，兼顾安全与便利性的楼盘是购房者的最佳选择。

（3）轨道交通对不同档次房产的影响

轨道交通对于不同档次住宅的影响程度不同，档次越高，影响越小，因为档次高的住宅购买者，家庭收入也相应较高，对轨道交通的依赖程度则相应降低，对轨道交通变量的边际消费倾向较小，因此轨道交通对豪宅、别墅等高端产品的拉动作用很有限，而对普通住宅的影响则较大。

（4）轨道交通建设的不同时段对房产价值的影响

在轨道交通动工后，沿线房价将会有一定的涨幅，到全面开动将会出现第一个涨幅的峰值点，随后会出现不同程度的回落，但仍保持着一定的水平；到轨道交通线完全开通后，房价将会出现第二个涨幅的峰值点，并且这个峰值点比第一个峰值点的涨幅更大，随着轨道交通的试运营，房价涨幅逐渐趋于平稳。

随着轨道交通的飞速发展，未来会有更多的人选择地铁等轨道交通作为主要的出行方式，有些人认为"地铁一响，房价飞涨"，凡事过犹不及，购房者要谨防过分透支地铁概念，购买轨道交通沿线的房产一定要注意把握好时机。

（5）高铁沿线的城市

近些年高铁的快速发展正在改变着大江南北的时空格局，加快了区域一体化的进程，原来还是属于不同省份，高铁开通后一夜之间"天堑变通途"，各区域人们的心理距离被迅速拉近。

例如，河北、山东等一些城市乘坐高铁到北京都不超过两个小时，由此变成了大北京的郊区，有些城市更以北京后花园而自居，这些城市与北京房价的差距由此也会随着高铁开通而逐步缩小。尤其是高铁沿线具有较好自然景观与人文景观的旅游城市，受到购房者的青睐。

三、配套资源：决定房产的综合价值

1. "麻雀虽小，五脏俱全"

买房不仅是买一处建筑空间，更是买周边的配套资源，教育、医疗、商业、金融、体育与娱乐设施等公共配套设施的数量与质量，是否方便合理，这在很大程度上影响着生活的舒适度以及房产的价值。

俗话说，过日子开门七件事："柴米油盐酱醋茶"，这些是居家过日子首先要考虑的。居住区配套公建是否方便合理，也是衡量居住区品质的重要标准之一。因此，即便一般规模的居住区，也要"麻雀虽小，五脏俱全"。

配套设施种类非常之多，人们的需求程度不尽相同。比如超市、便利店、美容美发店、菜市场、饭店、银行等是强需求，这是选房时特别关注的重点内容；药房、诊所、幼儿园、洗衣店、老年活动中心等属于中等需求；修理店、复印店、茶馆、花店、宠物店等是弱需求，这些配套设施的层次影响着住区的品位。

一个成熟的住区，基本配套设施会一应俱全。由于我国城市建设速度较快，很多地方社区配套相对并不完善，因此生活成本相应较高，便利度较低。一般情况下，子女入学、老人医疗等往往是购房者优先考虑的因素，同时也要充分考虑对超市、菜市场、饭店等配套设施的经常性需求，比较不同区域的便利性与日常生活成本。

配套是住区档次的标志。不同人群的对住区的休闲娱乐设施的需求存在一定的差异。住宅档次高的居民对健身场所、西餐厅、游泳馆、咖啡厅、茶馆、酒吧等休闲娱乐设施的需求更高，所以高端住区的配套与普通住区有所不同。

2. 重点配套设施

教育和医疗配套是绝大部分家庭特别关注的。如果一个住区周边引进了一个城市的重点学校，那么房价肯定涨，可见优质教育资源对区域价值的影响是立竿见影的。

选房时我们要重点考察周边是否有优质的幼儿园、小学及中学，注意了解公立还是私立、收费标准、招生入学条件等问题。尤其对于有小孩的家庭要作为重中之重，细致入微地做好分析对比。

医疗配套对于老年人及身体健康状态较差的人而言则至关重要，周边至少要有一两所大型医院，此外小区周边的社区医院、24小时药店或正规按摩店也

是标配。

然后，再用些时间观察所在区域的商业网点和公共设施的状况，如超市、菜市场、饭店等，从这些网点的配置和经营状况中就可以看出来一个地段的商务优劣。如在房产交易比较活跃的区域，经纪公司的数量会明显增多。公共设施不是越多越好，也不是离房产越近越好，关键要看设施的类别配置是否方便生活。

考察商业配套可以重点从三个方面进行：

①布局均衡，商业总量、布局是否合理。

②业态结构合理，大中小型商业搭配合理，从空间上和时间上实现居民消费的便利性，为居民提供更好的服务。

③商业开发与居民入住时间相同步。

住区内的会所同样值得关注，它是近些年来新建住区居民的公共活动空间，一般包括餐厅、茶馆、游泳池、健身房等设施。会所可以扩大居民的生活空间，满足休闲、社交的需求，购房者虽然买的是几十到百余平方米的住宅，但有了会所，他所享受的生活空间就会远远大于住宅面积，相当于外面又有了一个大客厅，因此已经成为居住区不可缺少的配套设施。

会所的内部设置，收费标准，今后的经营模式等问题，也是购房者应当了解的内容，有些会所建在住区内部，在入住率不高的情况下难以持续运营和发展，会引发较大的争议。

3. 从家庭需求出发做好针对性选择

每个家庭的人员构成和生活方式不同，选择配套设施要有所侧重，购房时宜根据自己的具体情况而定，根据家庭需求及偏好对号入座。

如果从一个城市角度进行对比，你会发现各类配套的城市排名差别很大，极少有哪个区域配套设施都是最佳的，多数是既有优势，也有短板。城市中心区配套设施最完善，而价格自然也是最高。

那么我们该如何根据自身需求特点做好选择呢？

①改善型购房优先选择交通、教育、医疗、商业娱乐和环境均好的区域。

②首套刚需型购房则优先选择价位低，配套综合排名相对高的区域。

③旅居养老型购房首选环境和医疗更好的区域。

④偏投资型购房首选配套设施还未成熟，开发建设正在加快进行的区域。有些投资者把城市周边环境优美的地区作为首选，而配套设施始终难以完善，

因而价格水平提升缓慢。配套设施决定着生活的舒适度，同时也是区域价值的重要支撑，需要用些时间实地考察、分析。

四、周边环境：影响人的身心健康

近些年来随着人们对景观环境追求的不断提高，住区周边的环境与空间形态是否舒适是考察的一个重要方面。周边环境往往会影响住区内部的小环境，因此周边是否有公园、河流、湖泊，这些都可能是未来生活的一部分，以及是否有标志性建筑，建筑是否美观等，这些会潜移默化地影响居住者的身心健康。

景观环境具有无形的价值，一般临河（湖）和公园周边房产的保值与增值度较高，自住、投资两相宜。有些住房前面是公共绿地或河流经过，景观环境较佳，无论自己居住还是将来出售、出租都是不错的选择。

楼房周边的环境对人的身心健康影响很大，绿化是调节居住环境的重要因素，在防风、防尘及遮阳等方面起着重要作用。选房时要注意周边绿化情况，以及日后是否有改善的可能。

此外，购房者在选房时要注意远离环境污染，考察周边是否有噪声、空气、水、固体废弃物以及光污染，重点关注以下几个方面：

①远离交通要道、立交桥、大型工地及集市、娱乐场所等噪声和废弃污染源的住区。

②远离白天玻璃幕墙反射的强光污染，以及夜晚商用物业的泛光照明和霓虹灯。

③了解住区上方上水方向是否有化工厂、垃圾场等发出各种异味的大型污染源。

④远离临近高压电线、大型变电所、燃气站、发射塔的住区房屋。

第三节 优选住区提升生活品质

一、住区品位

人们交流时常会谈及住在哪个小区，很多时候，住区与人的生活水平及形

态息息相关，有些住区更是财富与地位的象征。每个人都会追求在自己喜欢的人文空间环境中生活，特质化的生活环境、生活场景和生活形态，自然、开放、和谐、便利的生活空间，这些无疑会有助于人们生活水平的提升。

住区可以从居住人群、规模、成熟度三个维度来评估，物以类聚，人以群分，人们一般都会尽可能选择与自己生活形态相似的人群生活在一起。同时各个住区规模与成熟度不尽相同，这也会在一定程度上影响人们的日常生活。一般来讲，大型住区拥有更多配套资源，小规模住区则相对宁静。

例如，北京有很多部委大院，老年人相对较多，住区成熟度较高，周边公共配套资源齐备，便利度较高，住区环境也较好，而且旁边有些公园，适宜喜欢宁静的人群。尤其周边有优质的学区资源，因此尽管房龄有五六十年，已经不太宜居，但价格依然可达每平方米十余万元，明显高于近郊的新房。

而很多新建的住区中年人或年轻人居多，流动人口也较多，周边配套资源也与其住区的生活形态相一致。社区人文环境决定了未来居住的生活形态，作为社会的一分子，一个充满活力、团结互助的社区可以影响到生活的各个方面。

选择住区时，通过住区中居住的人群、住房的品质与品位、景观环境、住区规划、周边配套设施以及房价水平可以综合判断一个住区的层次与品位，通常从容积率、户梯比、得房率、通风采光等方面对比来看，住区的产品形态由高到低的价值排序为：独栋＞联排＞叠墅＞洋房＞小高层＞高层。各类产品，好差有别，没有最好，只有更合适的。

不同时代的住宅产品形态有很大差别，户型结构与面积及风格的变化尤其明显，不同楼型、不同楼层、不同朝向、不同户型、不同立面、不同结构的房产价值不一，而正是这些构成了住房的基本品质与品味，选房时要特别注意品味与生活形态是否适宜。

二、居住小区的景观规划

住区内部景观环境的优劣一般可以从绿地率和景观风格两个方面考量。首先是居住环境的一个重要的硬性指标——绿地率。绿地在遮阳、防风防尘、杀菌消毒等方面起着重要作用，《城市居住区规划设计规范》（GB 50180—2018）规定：新建居住区绿地率不应低于30%，如果住区绿地率能达到40%左右就已经不错了。其次是景观园林的设计风格，翻版的异国风光是否适宜，移植的大树等绿色植被能否存活，这都需要购房者细心观察。

住区内的规划布局，如果不合理也会影响居住的舒适度。在房地产项目开发中，一些开发商为了取得更高的经济效益，会千方百计地要求提高建筑高度与密度，争取更高的容积率。一般多层住宅（6层及以下）为主的住区适宜容积率一般在 1.0~1.2，小高层与高层混建的住区适宜容积率在 2~3。

当容积率过高或密度过大时，会出现楼房高、道路窄、公共空间与绿地少的情形，极大地影响居住区整体的生活环境，有些房间的采光可能会受到影响。市区中的一些老旧高层住宅存在着这些问题。

生活空间与环境潜移默化地影响着人们的生活，一个住区的规划不仅要看容积率大小，还要看住区空间布局的合理性，可以从建筑密度与形态、建筑产品布局、道路交通与绿化布置、文化与配套设施位置、公共空间等几个方面考量。

一般有经验的购房者，会把楼盘规划布局作为是否购买的重要依据。如果纯粹从投资角度考虑，那么不建议买上百万平方米的大型住区，等你卖房时就会发现同样房型的竞争者居然有那么多。

居住区内部的交通合理性是居住安全和环境的重要保证。居住区内部交通一般分为人车分流和人车混行两类。人车分流的小区，汽车在小区外直接进入小区地下车库，车行与步行互不干扰；人车混行的小区要考察区内部主路设计得是否"通而不畅"，以防有过境车流对小区的干扰。

小区内部车位分为租赁和购买两种情况。购房者有必要搞清楚：①车位是否紧缺，月租金是多少；②如果购买，今后月管理费是多少。仔细计算后再决定是租还是买。

三、住房位置与生活的品质

购房前要认真查看居住区的规划图、沙盘模型等，并向销售人员咨询住房所在位置周边的情况，尤其是公共设施的位置，如是否临近化粪池、变电站等。对附近未建设区域的情况也要有一定了解，如果可能到现场查看实际情况，尽可能规避各种设施对日后生活的不良影响。

住宅楼之间的距离除考虑日照、通风等因素外，还须考虑视线私密性的问题。一般情况下，为避免视线干扰，多层住宅居室与居室之间的距离以不小于24m，高层住宅的侧向间距宜大于20m。别墅类住宅间距一般低于普通住宅，主

要房间为落地大门窗时，要保证私密空间距离，位置选择则更加重要。

有些楼盘刚开盘时会选择一些位置相对不理想的住房低价入市，有些人贪图价格相对较低而参与抢房，等到入住时才发现之所以价格相对较低，是因为房子在住区中的位置不好，很多住房毗邻变电站、燃气站、垃圾场、化粪池等设施，或者在住区中处于较偏远的位置，临着马路，距离噪声源较近，日照时间相对较少，景观较差等情况。

很多购房者关注点往往在价格上，没有意识或者忽略了这些问题，这样会极大降低生活品质，以及住房的性价比。现实中，有的住区化粪池密闭性不好，臭味外泄，或者临近垃圾站，每当清风吹来，附近的房子就没法开窗，因此选房时马虎不得。

第四节　优选住区择邻而居

一、住区的社会治安

空气清新、风景优美、环境宜人，绿地和公园步行可达，房子看着也挺舒心，于是有些人就动心买了房，可是入住后没两个月家中就出现了被盗窃的情况，不禁为选房时的粗心大意后悔不已。

有的高端楼盘位于生态环境较好的城乡接合部，周边是民房和厂房，只有一条出路，两边上停满了黑车，通行拥挤，时不时就会堵车；当地居民为了表达对开发企业占地的不满，有时还会把路堵住，治安情况很不乐观。

社会治安问题是择居选房时不容忽视的重要考量因素，安全安稳是买房的前提，治安不好，不仅容易造成居住者的财物损失，还可能对居住者的生命带来威胁。连最基本的安全问题都得不到保障，这样住区的房子绝对不能买。

那么我们从哪些方面衡量住区治安的优劣呢？

（1）慎选城市边缘地带。城乡接合部一般社会治安都较为混乱，监管不如市区那么完善，容易给不法分子可乘之机。外来流动人员很多，人员素质良莠不齐，往往给治安带来更大的压力。

（2）住区的物业安防情况。小区封闭性较差，出入口多，安保人员对出入人员、车辆监管松散，也不尽职开展全天候巡逻。小区门禁系统质量差，有的甚至无电子监控系统。这样的住区存在系统安全问题，一定要慎选。

有的住区从1~20层的外窗都安装了防护栏杆，从外面看像监狱一样，可见居住者普遍没有安全感。走进楼道里，破烂不堪，两边墙上贴着或印上各类小广告，如同闹市。还有的住区出租率很高，外来人员较多。有的办公与居住混在一起。以上这些情况让人没有安全感，这样的住区要慎选。

异地购房者，不要轻易被美景或区域潜力所迷惑，一定要事先了解所在地社会治安情况。选房时，住区的治安状况也要深入了解，事关生命和财产安全，绝对不能马虎。

二、物业管理与生活品质

房屋作为一种特殊商品，其售后服务已经被越来越多的购房者重视，业主将来长期面对的是物业管理公司，因此购房时除了考虑地段、户型、价格等要素外，要把入住后的物业管理等级、收费标准也作为考量的重要指标。

一个优秀的物业公司，除了能提供合同约定的管理服务外，还能给业主提供比较完善、人性化的高质量服务，实现物业的便利性、舒适度，并延长物业的使用寿命，创造无形资产。

物业管理包括住区的安全、保洁、绿化、维修等服务是居家生活的必要保障，因此购房前了解物业管理公司的资质、信誉是不可缺少的环节。

近些年物业管理所暴露出来的问题越来越多，物业不作为，脏乱差物业不管，经常丢东西，停水不事先通知，楼下底商装修污染投诉无门等等，每天生活在这种烦恼之中，无疑会影响人们的身心健康。住区内很多人在线上诉苦，也可以作为参考。

有一些20世纪80年代或90年代初期建成的住区，位置相对较好，由于最初没有完善的管理机制，一直处于无人管理状态，楼体破旧不堪，楼道里不仅肮脏不堪，墙体和楼梯上还贴满了各类广告，尽管物业管理费很低，室内装修也不错，但有谁会愿意在这样的环境中生活呢？因此无论是出售还是出租，这类住区的价格都会明显低于周边物业管理相对较好的住区。

有些人买房时习惯先问物业费，在他们看来，物业费往往比房价还重要。在买房前有必要要把物业费用问清楚，各地区小区物业管理费标准因住宅等级、

服务内容、服务深度而异,一些地方有物业服务费的政府指导价可以作为参考。

同时物业管理是一种长期的经营行为,如果物业收费无法维持日常开销,或是利润过低,工作人员的积极性也不会高,服务质量难以保证,因此购房者不要过于期盼低物业费,毕竟得到便利、舒适的生活,合理的付出也是值得的。

三、选对邻居

1. 远亲不如近邻

[案例3-2] "楼上的一家搬来了,我们安静的生活算是彻底结束了。真后悔呀,大家以后买房一定不能光考虑位置、楼层、结构等,有个好邻居也是必需的。就说俺家楼上的吧,我真不知道能忍到什么时候了。从去年装修开始,天天施工到半夜,和沙子铺地板砖,有次半夜被吵醒一夜没睡着。前天晚上十点了,带两小孩子在门口放炮,又和后面一楼的人家大吵。只要他家有人,我们家就不得安宁,我想去提醒他们注意点,看那架势又怕惹火烧身,真想换个房子,真受不了了。"

论坛中这篇《下次大家买房一定要看邻居》的故事道出了一位业主的心声,而下面的几十条留言也大都有相同的感受。类似的经验教训不胜枚举,有些人最初认为自己房子的地段优、户型佳、价格也合理,为此而窃喜不已,不过喜悦的心情很快就随着邻居的入住而云消雾散了。

很难想象,与格格不入的邻居在一起生活十几年或者几十年会是什么样的心情,事实反复说明,忽视了邻居的选择,很可能会给日后的生活带来不必要的烦恼。远亲不如近邻,好邻居能够让生活充满人情味,不和的邻居则可能是生活中烦恼的来源,据某医院统计,进行心理咨询的人当中,约有10%是因邻里关系困扰而产生心理问题的。

2. 孟母三迁的启示

孟母为了帮孟子挑选适合的邻居,先后三度搬家,"孟母三迁"的典故千百年来影响着人们择邻而居。以往由于条件有限,人们买房时容易忽视对邻居的选择,更加看重诸如地段、户型、配套等硬件方面,而如今人们越发懂得房子的品质由开发商决定,生活的品质则很大程度会受邻居的影响,买房最重要的标准是"邻居",而不只是"地段"。

千金买宅，万金择邻，选房一定要选择好邻居，选房的过程就是给自己文化定位的过程，这是当代购房者消费观念成熟的表现。

3. 选择相似的做邻居

[案例3-3] 有一位女士从小就怕狗，但搬到新家后才发现楼下一家居然养着一只大黄狗，人家像亲儿子一样爱护，而自己路过时却总是提心吊胆。有时候怕什么来什么，有几次这只狗自行跑到楼道里，刚好和这位女士遭遇了，结果吓得她两天都没敢出门，这样的情况并不少见。

物以类聚，人以群分，不同的人群，居住和消费观念上的冲突是不可避免的，与自己相似的人群生活在一起才会相对更舒服。

对于购房者来说，选择邻居应该作为选择楼盘的一个重要标准。如果是新房，一般开发商都会对房子进行定位，塑造生活形态作为卖点，共同的文化理念有利把相似的人聚集到一起，购房者订购房子时也可向销售人员询问已购买人群的基本情况，及时避免出现"隔壁老王"的故事。

一般来说，销售人员会将已购房者的基本情况作一个大概介绍。如果是二手房，购房者可以通过实地考察的方式，到社区内散步，了解整体环境、氛围，观察自己可能与哪些人作为邻居。

[案例3-4] 一个老太太到中介公司要卖房，同小区的房子成交价一般为25000元/m^2左右，而这个老太太提出的报价30000元/m^2，经纪人认为报高了，难以接受，而老太太则不紧不慢地取出照片来，原来她的邻居是著名导演和演员。

一位经纪人讲的这个故事或许更能说明邻居的价值，这种价值不仅关乎未来生活的品质，也可能对事业发展也会产生积极作用，邻居中如果有成功人士，会形成一定的邻居社会网，其价值则可能远大于房产的价值。

第五节　优选住房享受舒适生活

一、选择户型时应注意的问题

户型在很大程度上影响着人们的生活品质。户型形式多样，很难说有十全十美的户型，但会有相对最适合的。户型可以从大小、布局、空间、采光、流线、利用率等方面进行比较，好户型一般具有空间布局合理、面积适宜、动静分区明晰、私密性好等特征。

考察户型时人的直观感受尤其重要，有时看多了难免会审美疲劳，因而选择户型需要抓大放小，可以重点从以下几个方面进行关注：

1. 平面布局与舒适度

房屋平面布局合理是居住舒适的根本，功能分区、空间序列与动线关系是户型评定的重点。户型有多种功能分区，想全都实现是很难的，一般抓住动静分区和公私分区就可以了；动区包括起居厅、厨房、餐厅，其中餐厅和厨房应联系紧密并靠近住户入口。静区包括主卧室、书房、儿童卧室等。空间序列与动线关系在普通住宅中体现得不太突出，而别墅、高端住宅等由于空间较大，考虑得相应较多。

平面布局是否合理与舒服在于购房者的喜好，各个地方的习惯也不完全一样，难以统一标准，如果能到现场感受最好。不过好些的户型一般应具有以下几点：

（1）入口有过渡空间——玄关，便于换衣、换鞋，避免入门后即一览无遗。

（2）起居厅最好有尺度适宜的落地门窗，以保证空间开敞、明亮，有较好的视野；并应有一个相对完整的空间摆放家具，方便家人团聚与休闲娱乐。

（3）房间的开间与进深比不宜超过 1∶2。

（4）厨房、卫生间最好为整体设计，厨房不宜呈狭长的一字形，L形或U形更适宜操作及存放冰箱等物品，空间利用率也更高。

2. 面积与舒适度

房屋空间面积的大小与形式对人的心理影响是潜移默化的。研究表明，房间的舒适度与空间大小并不完全成正比，也就是说户型并不是越大越舒服，也不是很多人都认为的户型面积变小，舒适度肯定会随着下降。户型面积变小并不是简单地将开间或者进深的尺度缩小，而是在确保基本尺度的前提下实现精细化。

一般来讲，人均 $30m^2$ 左右经过合理设计的空间能够满足日常基本生活的需要。不过各个房间面积大小要相对合理，如有些房屋的大客厅是以缩小卧室面积为代价的，由此卧室空间的舒适度必然会下降，每个人应根据自己的喜好来选择。

购买住房的面积要做到物尽其用，空间尺度过大的房屋，人在里面生活并不一定感觉舒服，很多大面积住房大而不当，这主要是设计精细化不够所造成的，空间的利用效率是衡量户型的重要指标。

住房档次的高低也不在于面积的大小，关键的问题在于住宅的设计是否合理，起居室、卧室、餐厅等空间功能，是否充分利用起来。而从经济上考虑，房屋面积大不仅购房支出大，卫生清洁费、物业费、取暖费等方面的支出也会增加。

一般来讲，小户型总价较低，但单价较高，大户型总价较高，而单价较低，开发大户型住宅有利于降低成本及销售，因此以往大户型楼房较多。不过在二手房市场，大户型住宅转让的价格往往明显不如小户型的升幅高，而且耗时也更长。

还有一种被称之为"紧凑户型"的产品，面积适中，格局合理，空间效率更高，性价比相对较高，这样的户型值得优先考虑。

早些年90/70政策曾经引发了强烈的讨论，事实上，随着近些年房价不断上涨，人们的经济承受力有限，住房销售套均面积在不断下降，市场与政策同步影响着人们对住房面积的追逐。而大户型住宅产品比例过大确实不适宜，使用效率低下，势必造成资源浪费。

住宅设计的精细化程度不够也是导致住房空间大而不当的重要原因，一方面设计公司与开发企业要进一步提高住宅设计的精细化水平；另一方面购房者也要提高品鉴能力。

3. 朝向

良好的朝向，可以保证充足的阳光直射入室，可以杀菌消毒，有利于室内的清洁卫生。北方冬季的暖阳难能可贵，这样的房屋温暖舒适。一般朝向正南的户型接受的阳光照射时间最长，南偏东或南偏西都有阳光直射，当然朝西的房间夏季要考虑西晒问题。

阳光照射可以预防缺钙和骨质疏松，因而家中有老人或儿童的，购房时要特别注意朝向选择，卧室以南向为好。当然有时也会随着周边景观做出适当调整，通常可按照客厅、卧室、厨房的顺序进行优化选择。

购房者可以衡量一下日常在卧室与在客厅的时间，以确定空间的使用率，使用率高的房间在最好的朝向为宜。

4. 使用率

一部分人在超出自己消费能力的条件下购买大户型住宅，不仅房间闲置，也增加了生活负担，这些现象的背后是消费观念不成熟造成的，我们在选房的时候就要量力而行。

购房时不仅要看住房建筑面积，还要看使用率，公摊面积是否合理。同样 100m² 的房子，有的户型使用率 70% 左右，有的使用率 85% 以上，如果将两者按照使用面积折算房价，则单价可能会相差几千元。同样建筑面积的同类住宅，公摊面积越小，说明设计越经济合理，购房者可以得到较大的使用空间。

公摊的公共建筑面积主要包括公共走廊、门厅、楼梯间、电梯间、候梯厅等，一般多层住宅的公摊面积较少，高层住宅由于公共交通面积大，公摊面积较多。当然分摊面积也并不是越小越好，有的楼梯过道过于狭窄，居住者的舒适度肯定也会随之降低。

5. 户型位置

中间单元：保温好，不存在西晒问题，节能与防震效果更好。

边单元：采光好，通风好，一般可以享受明厅，夏季会较凉快，不过由于与外部接触面积较多，能耗相对会较大。

人们的生活形态千变万化，每个人的需求不尽相同。有的人喜欢清静的环境，有的人喜欢大客厅，有的人喜欢大厨房，还有的人省钱第一，价格越低越好。每个人都有各自不同的偏好。

新房户型通常都会有一些创新及亮点，如空中花园、入户花园、两层挑高等等。对此选择户型，没有最好，只有最合适的，以自身的需求和偏好为中心，多进行比较，抓大放小，在众多产品中做出最适宜的选择。

二、选择适宜的楼型与楼层

1. 楼型

经历过 2013 年的非典，很多人注意到了住房的通风问题和楼型对健康的影响。一般来说，板楼的通风效果好于塔楼。在一些销售广告上常会出现南北通透的字样，通常指的是板楼。但有的多层板楼房间进深过大，不仅室内采光不足，会出现灰空间，也同样会出现通风不畅的问题。

塔楼可以有效增加户数，从而提高住区的总建筑面积。但塔楼做不到南北通透，尤其当主要房间朝同一方向时，空间难以形成对流，开窗通风需要更长的时间。

人们注意到塔楼在通风方面的劣势，于是以塔楼为主的住宅少了，板楼重新崛起，日渐成为主流。目前市场中有一些"塔联板"和更紧密结合的"塔混板"出现，购房者在选择时要仔细区别哪些户型是板楼，哪些户型是塔楼。

不同城市气候不同，人们的居住偏好也不同，北方地区强调通风采光，塔楼有的朝向常年不见阳光，宜居度较低，而在华南地区，防湿防潮更重要，因而对楼型要求有所不同。

2. 楼层

选择楼层也是至关重要。不同楼层会有不同的景观视野，对人的身心影响较大，同时各层便利度与价格不尽相同，因此楼层的选择宜依据购房者的实际需求与偏好而定，可以从舒适度、经济性、景观视野三个方面来衡量。

有些人喜欢"独上高楼，望断天涯路"，而另外一些人则"高处不胜寒"。一家人的偏好也难免会有不同，需要对各楼层的优缺点做好评估。由于房屋质量原因，顶层常会出现雨天漏水现象，需要特别注意。

高层与低层住宅各有优劣，从心理学角度讲，楼层过高会使人产生根基不稳的感觉，从而对身心健康造成一定影响。研究也表明，久居高层对儿童的生长发育不利。

此外高层住宅最大的问题是防火和防震，以及电梯故障停用，这些都是难以回避的短板。有些多层住宅没有电梯，少了电梯井、候梯厅等公用建筑面积，房间利用率相对较高。

人的理想居住还是应该贴近地面，贴近自然，也就是通常说的"接地气"。当然这也不意味着住得越低越好，低层接近地面会导致日照不足，潮湿，空气流动性差、私密性较差，可能有蚊虫蟑螂等方面的问题，而且很多家庭窗外都需安装防盗窗，以增加安全感。

3. 各楼层优缺点

1层的缺点：采光相对较少，房间阴暗，视野比较差，安全性较低，容易受周围环境噪声的影响，夏季湿气相对较重。

1层的优点：接地气，进出方便，有的住区赠送房前的私家花园，价格相对便宜。主动挑选一层的购房者很少，但一层很适合一些特殊群体，如腿脚不便

的老年人,喜欢庭院生活及种些花草的业主。

5~6层的缺点:上下及搬运东西不便,尤其对老年人和小孩影响较大。

2~4层的优点:高度适中,采光相对较好,避免了一楼的潮湿,可俯瞰楼前绿地与景观。

多层楼房中3、4层高低楼优势兼备,舒适度较高,虽然价格比其他几层高些,但最受欢迎。

7层以上的缺点:风力较大,对电梯依赖度高,景观相对单调,人的心里会缺少踏实感。

7层以上的优点:采光较好,房间明亮,视野开阔,一定时间内会令人心情开朗。

中高层楼房的楼层选择宜依景观与周围建筑而定,并非越高越好;此外由于对电梯依赖度较高,因此电梯的质量、数量与管理需格外注意。

北方雾霾天气频发,出现了所谓"扬灰层",认为9~11层的灰尘密度较大,空气质量最差。我们都是在大气层的底层活动,虽然空气浓度多少会有些变化,但是不会因此说一层的空气就好,10层的就不好,其实都差不太多。

对于居住在低层的人来说,空气污染和交通噪声也是影响健康的关键因素。一般来说,在没有污染源的情况下,楼层越高,空气质量会相对好一点,而低楼层会受路边扬尘和汽车尾气的影响;在污染物比较严重的情况下,高楼层的空气质量也不会好到哪里去。

目前国内越高的楼层往往卖得越贵,而住房并不是越高越好,总体而言最佳的楼层是住宅楼的1/3至2/3处。以18层的住宅为例,它的最佳楼层是6~12层,这里无论是采光还是空气都不错,如果是景观住宅观景的效果也更好。

三、立面造型

现代社会人们的审美需求越来越高,鉴赏能力也在逐步增强,在一些购房者心中,初步判断楼盘的好与坏有时就取决于对立面造型的第一印象。

建筑外立面是人们对建筑的直观印象,吸引人的外立面造型能够体现一个楼盘的档次,是吸引购房者的重要因素。楼房外立面展现出风情万种的"姿色",不仅能提升楼盘的档次,也让住在里面的人和路过的人赏心悦目,对人们的心理产生潜移默化的影响。

当然楼房的外立面不只美观这么简单，实际上它需要兼顾保护墙体和美化墙体，与墙体结构一起满足保温、隔热、隔声、防水、美化等功能。我国房屋折旧快，20 世纪 90 年代的楼房有些已经"惨不忍睹"，谁都不希望自己家的房子"色衰形旧"。外立面能否经得起时间的检验是选房时需要留意的。相邻的楼房，外立面新旧程度不同，一般价格也会有明显不同，因此立面造型对于楼房还具有保值与增值的作用。

此外，风情各异的建筑风格常常是开发商的重要卖点。近些年流行的新中式风格、欧陆风格、新古典主义风格、地中海风格、现代主义风格、后现代主义风格等都有其独特的魅力与特点。

在重视风格的同时，楼房的细节同样重要。构建楼房外立面的元素，不仅仅是涂料颜色和造型，还有墙体、窗户、空调以及其他一些构件，要把这些有机地结合起来综合考虑。

目前外墙装饰材料主要有：涂料、面砖、石材、铝板、玻璃幕墙等，在住宅中较为常见的是面砖和涂料。

（1）涂料

①优点：较为经济，整体感强，装饰性良好、施工简便、工期短、维修方便，首次投入成本低，不会伤人，便于后期更新维护。

②缺点：质感较差，容易被污染、变色、起皮、开裂，寿命较短；后期维护成本较高。

（2）面砖

①优点：坚固耐用，具备很好的耐久性和质感，色彩丰富而具有装饰效果，易清洗、防火、抗水、耐磨、耐腐蚀，并且后期维护费用低。

②缺点：首次投入成本较高，施工难度大，刮大风时易脱落伤人。

（3）石材

天然饰面石材装饰效果好，耐久，但造价高；人造石材具有重量轻、强度高、耐腐蚀、价格低、施工方便等优点。石材一般用在建筑物的一层、二层比较脏的环境中。

有些购房者认为石材和面砖比涂料高档，其实未必都如此，新型的弹性涂料可以规避普通涂料的一些缺点，价格也较高，单从楼盘的外立面材料并不能准确看出楼盘的品质。

第六节　建筑物理性能评价

一、光环境

按照《住宅设计规范》（GB 50096—2019）规定："每套住宅至少应有一个居住空间能获得冬季日照"目前国内住宅区设计已经十分关注日照问题，不过日照不达标的情况还时有出现。

阳光入室能改善住宅的小气候，保证住宅的卫生，提高住宅的舒适度，保证住户身心健康，对于长时间在家的老人和儿童更为重要。采光质量与住房在居住区的位置和楼层有较大关系，如果购买期房，需要格外注意。

日照对于大部分楼房来说都是一种有限的自然资源，开发商为了多出面积一般都会控制面宽，加大进深，这样日照面积会相对有限，房间内会出现一定面积的灰空间；此外塔楼比板楼可以多出面积，于是20世纪80年代起，塔楼从中国香港被"移植"到北京，不过两地自然条件有所不同，塔楼在北方地区均好性较差，尤其会造成部分户型日照明显不足。

一般来讲，南方地区夏季防热为主，房屋朝向并不以日照为主，而北方地区冬季寒冷，居室接受阳光的面积越大越好，夏季阳光虽然也较强，但照不进室内，影响不大；房屋朝向的优劣顺序一般为南、东南、西南、东、西、北，其中客厅和卧室的朝向最为重要。

当然各居室都朝阳的户型通风状况会下降，并且也不是所有的人都喜欢住朝阳的房间，这也是为什么南北通透的户型会更受欢迎的原因吧。

二、声环境

楼上打麻将的声音、楼下吵架的声音，旁边这家孩子哭声不断，另一家有人咳嗽声不断，如果在这样的环境中生活，是否还会悠然自得，居住的声环境很重要，但在购房时除了声音敏感者，很少有人会特别注意。

噪声不仅干扰人们的生活、休息，还可能引起多种疾病，因此声环境在一定程度上决定着生活的品质。

声环境一般分为楼内和楼外两类。楼内的安静程度主要取决于隔墙与楼板的隔声性能，邻近电梯与楼梯的房间应注意考虑噪声的问题，主要房间不要紧贴电梯与楼梯，同时墙体装修时需要穿洞，有时暖气管道需要穿户，如不做好隔声处理，则会大大降低隔声效果。

楼外的安静程度则主要取决于门窗的隔声性能，同时也要尽可能与马路、学校、农贸市场等噪声源保持一定距离，如不得不购买临街的住宅，则要特别注意门窗隔声性能。

以前的老式住房隔墙与门窗的性能较差，隔声效果大都不好，一旦晚上一家有较大动静，整栋楼都能听得到，隔墙有耳的事时有发生。因此对私密性要求较高的家庭，无论在购买新房还是二手房时都应特别注意隔墙与门窗的性能，在房间装修时尽量少穿洞或钉钉子，如难以避免则应做好隔声处理。

还有旧式住宅的排水管道各家相互连通，由此难以避免会产生噪声，尤其在夜晚安静时尤为明显，目前很多新住宅采用同层排水，可以规避这个问题。还有些新楼盘有一些针对声音特别敏感者的设置，价格相对高些，但能够满足这类人群的特殊需求。

三、空气质量

如果说室内空间布局事关居住的舒适度，那么室内环境质量则直接影响人的身体健康，更值得关注。据统计，大部分白血病儿童患病是由于房屋装修造成的，看似非常好的房子却不适宜居住，由于室内环境质量的不可见性，选房过程中购房者难以辨别，由此会为未来生活埋下隐患。

据国家室内环境质检中心的检测和调查，约有6成房屋的室内环境不达标。"房屋建筑的空气污染，主要有几个方面，混凝土防冻剂中会有氨的污染，混凝土外加剂中会有甲醛的污染，一些矿渣砖等放射性材料会有氡污染等。"

从2011年7月1日起，北京市强制房地产开发商将《室内环境检测报告》作为房屋建筑使用说明书的附件，提供给购房者，以保障购房者的知情权。室内环境的污染，有些是开发商在交房时就不达标，有些则是业主在使用中造成的。

业主的二次装修、购置的新家具等，都会新增污染，造成室内环境污染超标。目前室内环境检测的指标主要有5项：苯、TVOC（总挥发有机物）、甲醛、氨和氡。

室内通风有一些基本的规范要求，但一般规划设计阶段对通风问题的考虑还是不足，住区整体的空气流通情况，尤其是窝风死角等需要用专业的软件才能测出来，大部分规划都会优先考虑道路交通等布局合理性，对于通风关注相对较少。如果布局不当，有的住宅处于风口处，对于节能不利；有的住宅处于窝风死角，则空气流通不畅，影响身体健康。

在炎热的夏季，良好的通风具有明显的降温效果，与冬天的日照同样重要。如果是现房，购房者在现场考察时要开窗检查房内空气流通性，静心体会舒适度；如果是期房，要看图纸中的房间是否通透，主要房间空气是否能够对流，及进深是否过大；同时要注意楼体是否处于开敞的空间，居住区的楼房布局是否有利于在夏季主导风的风路畅通；楼体转角处的户型要特别注意通风问题；房间在装修时也应注意不要阻断空气流通的主要通道。

四、节能环保的住宅

买冰箱时如果有普通冰箱与节能型冰箱让你选择，你会如何选择哪一个？毋庸置疑，普通冰箱购买时便宜一些，但能耗高，长期使用成本高；节能型冰箱购买成本高，但长期使用会经济得多，因此更划算。从节能的角度而言，买房与买冰箱殊途同归。

提高住宅节能标准或者采用新能源技术会造成建造成本增加，从而价格提升，购买成本增加，但住宅与冰箱一样，总成本包括购买成本与使用成本两部分，节能型住宅与节能型冰箱道理是相通的，建筑节能会降低住宅总成本。

一般民用住宅的设计使用年限是50年，运用节能技术后总成本会逐年降低。因此买房时更多关注价格的同时，后期使用成本同样值得关注。

建筑节能等同运用技术实现产品增值，因此节能型住宅性价比和保值度更高。节能标准高的住宅购买成本虽然高了一些，但使用成本会显著下降，经过若干年后非节能住宅与节能型住宅的综合成本就会达到平衡点。

节能减排是大势所趋，住宅的运营成本值得考虑，购房时需要关注节能问题，尤其是自住房，要将长期利益与短期利益相结合，综合比较，而不只看其单位价格。

住宅运营的原理相对比较专业，一般购房者搞不太清楚，通常在住宅产品说明书中会有节能性价比的说明，如"生态住宅比普通住宅节能50%以上，节省采暖、空调耗能支出30%以上，节水15%～50%，节省用水支出15%～25%"等；也有的会换算成为多少年能回收成本，这种节能性价比的描述更直观些。

五、房屋结构质量

1. 住宅质量

我国住房整体质量一直在提升，只是近几年开发企业快速扩张，因而质量问题层出不穷，行业质量标杆企业也有爆出了质量问题，这是限房价、高周转、资金链紧张以及上游原材料价格上涨等同时出现带来的直接后果。

近些年大家都在关注地王、楼王，都在关注价格，与其相比，对房子本身性能与质量的关注反而降低了。开发企业高周转，追求数量的同时，如何保证质量是个大问题。从深层次的角度看，在房地产市场需求大于供给的情况下，开发企业缺少竞争意识，失去了真正为客户服务的动力。

2. 提高住房鉴别水平

有些购房者好不容易买了新房，却被一些质量问题所困扰。所以购房者在考量环境、地段、户型等外在要素的基础上，应加强对建筑物质量的考量，提高鉴别水平，无论在选房还是验房阶段都要擦亮双眼。

在选房过程中，一定要看工程质量。如有可能到工地现场转一转，到正在施工的楼体内感受一下。一般情况下，购房者很难在收房时看出房屋主体结构有没有问题，最好的办法是看开发商、建筑商和监理公司的资质和口碑，查验相关验收手续，真正做到心中有数。

英国、法国、美国的建筑物的平均使用寿命分别为132年、85年和80年，而我国目前建筑物的平均使用寿命为25～30年。一般情况下，购房者对商业性质用地建造的商住房使用年限关注度较高，对普通住宅的使用年限关注并不多，有很多人都认为住宅设计使用年限和房屋产权一样都是70年，而事实上我国住宅设计使用年限一般为50年，住宅的使用年限是由住宅的结构、质量决定的，使用年限越长，房屋的价值自然越大，对此购房者从安全角度对房屋质量予以考察的同时，也可以从房屋结构的角度进行衡量。

3. 住宅结构体系

住宅的结构类型主要是以其承重结构所用材料来划分的，不同结构类型的房屋质量与使用年限有很大不同。目前常见的住宅结构类型有砖混结构和钢筋

混凝土结构（包括框架结构、剪力墙结构和框架剪力墙结构等）（见表3-1）。

表 3-1

结构体系	结构特点	适宜范围
剪力墙结构	用钢筋混凝土墙板来承担各类荷载引起的内力 抗震性好，防火性能、耐久性能好，整体性强，墙体薄，得房率高，易装修，使用年限长，柱子少，有利于创造可自由隔断大空间 施工难度相对较大，结构造价相对较高	高层住宅
框架结构	由钢筋混凝土浇筑成的梁、柱组成的承重骨架，用空心砖或预制的板材作隔墙 保温性、隔声性比剪力墙结构的房子好，得房率高，开间易活动，使用年限较长 施工难度相对较大，结构造价也相对较高	多层或中高层住宅
框架-剪力墙结构	框架结构和剪力墙结构两种体系的结合 结合了剪力墙与框架结构的优点，可以提供较大的使用空间，且具有很好的抗震性能	高层住宅或中高层住宅
砖混结构	采用砖墙承重，钢筋混凝土梁柱板等构件构成的混合结构体系 保温与隔声性能好，得房率高，施工速度快，造价低，保温、隔热性能好，易装修 房屋开间、进深受限制，格局死板，整体性、耐久性较差	多层住宅

4. 建筑物设备的细节问题

住宅设备一般包括各类管道、抽水马桶、洗浴设备、燃气设备、暖气设备、电梯等。选房时注意这些设备的质量是否精良、安装是否到位，是否为节能减排型产品。此外还要注意配套设备技术的成熟度，是否经过市场检验。

住房的品质很大程度上取决于各类设备的品牌与品质，尤其是电梯，更是直观判断住房品质的重要方面。如果经济条件允许，最好是选择户数与电梯比相对较小的住房，这样住起来舒适度会更高一些，家庭隐私也更能得到保障。

高层住宅的电梯是痛点问题。电梯未老先衰，时常出现故障，上班高峰期等候时间过长，有时不得不爬楼梯等，都会降低生活质量。而且电梯是有使用寿命的，老化以后怎么办？很多老电梯如同轰隆隆的旧车，站在里面担心会不会掉下去，很难有安全感，因此选房时要特别留意。

第四章　选房实操篇

——选好房，奠定美好生活基础

【智慧选房心法】实践是检验真理的标准

第一节　购置新房的流程、渠道与要点

购买新房，房地产开发企业都会提供一条龙办理服务。但购房前，有必要详细了解购房流程、细节和要点，准备充分，免得犯一些低级错误，使整个过程高效顺畅，保障自身权益。

贷款买房的一般流程：看房前准备—实地看房—排号选房—提交买房资质审核资料—签认购书—网签—签合同—付首付款—办理贷款审批—验房交房—办理房产证等。

买房前的各项准备，通常包括买房规划、搞定房票、财务规划与准备，以及心理准备。有针对性地做好准备，事半功倍。

购置新房的具体操作如下。

➢ 第一步，确认买房资格

目前我国50多个大中城市都有限购政策，因此必须先把买房资格，也就是房票搞清楚，特别是外地户口就更要先搞清楚当地买房政策如何规定的，各种类型房产的购房资格可能大不同。一般可以找房产中介或与房地产开发企业销售人员沟通，如果不能确认，最好在当地城建部门网站中进行买房资格核验，以免白忙活。

➢ 第二步，做好详细规划论证

根据资金实力、还款能力等估算实际购买能力，并根据家庭成员工作、生活的需要，对想购买楼盘区位、配套、环境、楼型、总价、面积等进行全面、综合地衡量与分析，初步确定一个适合自身实际需求的选房框架，做出一份选房计划书。

➢ 第三步，挑选房源

挑选房源可以在当地知名的房地产网站或APP上查询、收集有关楼盘的各种信息，通过区位、户型、价位等信息精准搜索，得出相对精准的房源，进行筛选、比较优劣，确定几个备选楼盘。

房产广告无处不在，朋友圈、街头传单、户外广告等等，无论哪种渠道，都要上网通过搜索核实一下，或查看业主评论，如果负面信息特别多，那么尽可能慎重选择。

> **第四步，实地看房选房**

抽出几天时间逐一走进现场实地考察，通过聆听介绍，看区位图、沙盘、户型图以及样板间，了解楼盘及周边配套的具体情况、房价、优惠活动、开盘与交房日期等。

全面细致考察房源信息是个技术含量很高的活儿。选房前你要对容积率、绿化率、公摊面积、户型等方面基础知识有所了解。如果购买的是现房，可以通过实地参观直观地看到房屋的结构、户型，而如果是期房则只能以户型图及相关介绍来作为选房依据。

选房时根据自身需求，筛选出地段、价格、户型、楼层都符合自身需求的房源，这是买房过程中非常重要的一个环节。

> **第五步，认筹排号**

一般楼盘在销售过程中都会采取认筹排号的促销手段，开发企业会推出以买房优惠政策，如一万抵五万或十万等方式吸引买房者先交纳诚意金，在楼盘正式开盘时通知参加认筹的买房者到场，再按规则进行选房。有的具有优先选房的权利，有的可以直接将选定的房源锁定，开盘时直接进入签约流程。

有时开盘选房搞得就像一场战役，购房者最好有几套备选方案，有时只有几分钟时间留给你做选择，思考的时间很短，而且气氛很紧张，如果不准备好恐怕会忙中出错。

> **第六步，谈判签署认购书**

购房者在选定了房源之后，就正式进入办理买房手续的流程了，签订认购书这一环节要根据具体情况而定，也有的直接签合同。买卖双方把自身的权利和义务落实到文字上，特别注意有关交房标准、房屋的面积、付款方式、贷款条件、物业管理、交房时间等关键条款。一方面要看认购书是否能保证公平，开发企业的承诺如赠送面积、保留房源、违约处理等要写进认购书，另一方面房屋基本情况、单价约定等要明确，以免后续纠纷。

> **第七步，资格审核、签合同、交首付**

在限购的城市，购房者将买房资格审核材料交给开发企业相关工作人员办理。一般10个工作日出具审核结果，通过后签订买房合同。现房需要签订现房买卖合同，期房需要签署商品房预售合同，签署时要注意看合同中违约与赔偿

责任、交房日期与交房标准等是否写清楚。之后交首付款，等着拿开发企业开具的首付款发票，或盖章的收据，一定要保管好。

➢ 第八步，申请住房贷款

一般银行的工作人员在售楼期间会在售楼处驻场，购房者可将准备好的材料交给他们办理。如果没有驻场，购房者则要携带提前准备好的贷款资料前往银行申请房贷。

➢ 第九步，办理房屋验收交房

等到银行贷款审批下来之后，接下来就等着房子建成开发企业通知收房。

➢ 第十步，交税费、办房本

收房后就可以入住了，不过别忘了还要交税，拿着买房发票到税务局办理交税，一般要缴纳契税等，完税后还要办理住宅专项维修基金、缴纳物业费等。

最后办理房本，购房者将相关材料及费用交给代办者，一般从入住起现房180天内、期房270天内可以发放。最近有的城市提高办事效率，几天即可办理完成。

以上只是常规的流程，各地的办理程序未必完全一样。提前做好准备，然后按照流程办理就好。

第二节　购置二手房的流程、渠道与要点

二手房买卖更复杂，而且风险较大，购买新房时房地产开发企业都会为购房者提供一条龙办理服务，二手房也可以委托房产中介进行办理。

我们可以通过提前全面了解买房流程，同时储备相应的知识，做好充分准备，买到适合自己的房屋。

二手房交易的一般流程是：看房前准备—网上查房或选择中介机构—实地看房选房—签订合同—交首付款—办理按揭贷款审批—办理房产证—办理验房交接手续等。

购买二手房的具体操作如下。

➢ 第一步，查找房源、选择中介机构

通常我们可以在二手房中介网站或APP中查询、收集有关房源信息，通过

区位、户型、价位等信息进行搜索，得出相对精准的房源，进行筛选、比较优劣，确定几个备选房源。

买卖二手房通常会通过房产中介机构进行，尽管中介的佣金不菲，但是为了防范风险，还是需要第三方保障平台，同时也能起到撮合的作用，在复杂的流程中少浪费时间。当然如果你和卖家很熟悉也可以不通过中介自行办理。

➢ **第二步，看房选房**

一般要看几套乃至十几套房源来进行对比，同时要注意对交易房屋产权进行调查，包括对房屋产权完整性、真实性、可靠性进行审核。夫妻共有房产只有一方同意出售、正在出租中的房屋、产权归单位的房子、被抵押拍卖的房子等都不能交易。

产权调查一定不可忽略，得留意一些产权不明二手房，以及一房多卖的情况。一般这一步都会由中介机构来完成，不过购房者自己也要再核验一遍真伪。

➢ **第三步，讨价还价、交意向金**

与新房不同，二手房一般都有很大的讨价还价空间，这取决于市场的状态，当楼市处于下降区间时，二手房一般都有10%~20%的回调空间，至于能砍到多少，这很大程度上取决于购房者的谈判能力。

谈好价格，确定购买意向后，委托中介机构以书面形式确定下来，这时一般都要支付一定金额的意向金给卖方，之后买方如果不想购买，则卖方可以没收买方的定金，卖方如果不按协议约定卖房，应双倍返还定金。

➢ **第四步，签订买房合同**

买卖双方通过协商确定交易之后，双方签订二手房买卖合同，至少一式三份。

签买卖合同是买房环节中重要的一环，条款都必须认真思考、详细阅读，房屋总价、面积、违约条款及违约金、滞纳金、交房时间、过户时间、税费支付、付款方式、物业交接、户口转出等都必须写清楚。

➢ **第五步，评估、办理贷款**

与新房不同，办理按揭贷款之前需要先进行房产评估。这需要找有相应资质的评估公司，这个过程一般需要5~7个工作日。

办理贷款时如果买房者办理公积金贷款和商业贷款组合，则需要同时向公积金管理中心和银行进行贷款申请，这是二手房交易中耗时最长的阶段。要等审批通过后再办理过户手续，千万不可贷款审批还没通过就先办理过户手续，

万一贷款审批没有通过，买卖双方都将陷入被动局面。贷款办理下来后，还要注意注销该房产的他项权证。

二手房交易中卖家之前有过按揭贷款，通过房产证有无抵押也可以看出来，这时就要先办理抵押注销手续。如果买方也需要办理贷款，则可以进行转按揭。

通常买房款都是分批支付，主要为了减少风险，以防在交易过程中出现意想不到的问题。一般签约当日首付30%，取得收件收据时支付60%，产证办理完毕支付最后10%。买卖双方在签合同时要事先商定好付款方式和额度，把具体日期和付款方式写清楚。

为什么要留10%的尾款呢？主要用来保证结清水、电、煤气费及物业管理费，同时还能对赠送的装修以及家具、家电的完好等起到相应的保障作用。

➤ **第六步，办理过户**

房款交付之后，买卖双方可以向房地产管理部门提出过户申请，这个过程一般要经过网上预约、准备材料、房管局取号、排号交材料、填表、领取受理通知书等几个步骤。

受理过户后核发新的房屋产权证，过户完成，交工本费领房本。

➤ **第七步，缴纳税费**

之后买卖双方还需要到税务局办理手续，缴纳相关税费，二手房税费的构成比较复杂，要根据交易房屋的性质而定。比如普通商品房、房改房、回迁房、经济适用房等的税费构成都是不同的，这方面最好请教有经验的代办人员，最好在签署合同的阶段就事先做好准备。

➤ **第八步，过户交房**

最后就到了交接过户的阶段，买方付清所有房款，之后对房屋情况进行检查，清点设施、设备，详细排查质量问题，有任何问题须在收房前与前业主协商，以免收房后扯皮。

特别注意审查所买房屋是否欠缴物业管理费、水电气暖等费用。此外保存好各种费用结清的收据及复印件等。随后买方还要进行公共维修基金、有线电视、宽带、电话等过户手续。

以上是二手房交易的常规流程，如果能选择可靠的中介及卖家，那么整个流程就会很顺畅。

第三节　研判最佳买房时机

一、早买并非一定比晚买强

在过去两三年中，有不少人由于对于市场规律缺乏足够的认识，按捺不住冲动，越涨越买，结果高位接盘，损失很大，可以说交了不少学费，类似的故事不胜枚举。

[案例4-1]　2017年3月，有知名大V提出河北燕郊房价将会涨至5万~8万元/m²，号召粉丝抓紧入市，有位张先生信以为真，他借钱以3.2万元/m²的价格购置了一套燕郊的二手房，盼着年内房价涨到4万元以上再卖出去，然而伴随调控政策落地，欢呼声戛然而止，房价随即出现回调。近三年了，燕郊平均房价仍在2万元/m²左右，他想通过买房致富的梦想彻底破灭了。

很多专家都建议，越早买房升值空间越大，而事实证明并非如此。

[案例4-2]　2017年3月中旬有位女士在微信朋友圈给我留言，2月份的时候她曾问过北京房价怎么走？我回复房价会降，不过她还是买了二环内的二手房，半个月后又涨了十万元左右，她说还是某位大佬说的对，什么时候买房都是对的！3天后北京3·17新政出台，年内北京城区内即使面积较小的二手房价格也都回落过百万元。可见，选对时机，至少价值百万元。

[案例4-3]　2017年年底在一场论坛活动中，一位河北省房企董事长对我说，还是那位大佬说的对，早买一定比晚买强！我说未必吧，当年3月份北京市值3000万元左右的学区房，到了下半年挂牌价降至2000万元以下都没人买，是3月份还是10月份买入为好，你说哪个时段更合适？

从以上案例看，购房者的眼光及出手时机至关重要。伴随着房地产调控政策的不断出台，楼市变得扑朔迷离，很多购房者加入到观望的行列，其实都在等着购房的有利时机。

近些年，相隔两个月之间，房价振荡幅度可能达到20%~30%，人们在买房时普遍有跟风的习惯，一般都会买涨不买跌，一念之差可能会带来几十万元的损益。

历史总是惊人的相似，不断的轮回重演，因此要以史为鉴。

购房时机对于我们能否以更合适的价格买到合适的房子至关重要。如何把握时机，需要购房者掌握相关的知识，收集多方面的信息，并发挥个人的智慧。

二、政策趋势是重要风向标

首先楼市走势直接受调控政策的影响，因此买房前一定要搞清楚政策的趋势，同时也要注意各项调控措施其影响力是不同的。

2019年以来部分城市放松限售和新房限价，这两项放松对楼市并没有实质性影响。如果是限购放松或取消，购房人群就会明显增多，对市场预期的影响就很大。如果是限贷明显放松了，降低首付，或者放宽认房又认贷，这就等于变相加杠杆，市场就会出现快速回暖，这时就要考虑买房了。

一般来说，每当经济出现下行压力，国家及地方就会适度放松楼市调控，转而出台更优惠的政策鼓励老百姓买房，这时果断买入，做个听话的好孩子，不会让你吃亏的。

每次最佳的购房时机总是出现在政策转向之后，抑制买房的限购、限贷、限售等限制措施逐步放松，或一个个被摘掉，信贷与税收政策开始倾斜，市场随之回暖。

而当楼市出现过热时，调控会加码，各项限制性措施陆续出台，采取很多手段限制房价上涨，而且后续还可能会出台更为严厉的措施，这时市场处于阶段性高位，我们就没有必要只争朝夕了，最好是等一等。

在各项政策中，信贷政策是判断买房时机的重要风向标。一旦信贷明显松动，前期由于房贷紧缩而被限制的购买力就会爆发，从而推动房价出现一定程度的上涨。

通常情况下，向银行申请贷款更容易，利率有所下调，或者房贷首付降低，银行对于房贷已结清的二套房利率可以按照首套房来执行，房贷可以享受较低的成本，这时候购房者就可以考虑买房了。

当房价处于阶段性高位，政策调控趋向升级，银行利率配合调控上浮，三个不利因素叠加，那一定不是买入的好时机。

当房价出现明显回调或者横盘一段时间，调控政策开始宽松，银行利率配合政策打折，当出现三个利好信号重叠，那就可以果断买入。

也就是说，房价短期波动并非你出手的依据，政策才是关键。房价步入上涨区间的前提是政策趋向利好，以及预期转变，只有积攒了足够的上涨动能之后，房价才会启动上行。

也许你追不上房价上涨的速度，不过你还是可以跟上房价启动的速度，买房要克服买涨不买跌的心态，耐心等待政策风向转变信号。

房贷政策是影响市场走势的重要因素，当房贷利率下调或降低首付，这是房地产政策趋于放松的信号。而当利率上升或首付提高，以及购房资格重新认房又认贷时，那就意味着政策实质性收紧。

三、把握周期波动中的好时机

房地产是周期性很强的行业，有时兴旺、有时萧条，房价与房地产周期息息相关，在一个周期的不同阶段，房价相差会较大，把握周期波动对于掌握购房时机极为重要。

房地产周期具有一定的规律性，每一个时机的到来，都会在政治与政策形势变化、经济发展趋势、消费心理变化等方面中显现出来。

不同层级的城市房地产周期有时差，比如二线城市购房者对市场的敏感度比一线城市迟钝，往往滞后半年以上。如2015年上半年深圳先涨，然后同年下半年上海涨，北京涨，而二线城市基本上在2016年才启动，大部分城市2016年下半年才出现明显上涨。

深圳、上海和北京等先行城市是全国以及区域重要的风向标，根据先行城市的市场动态，可以提前预知所在城市的后续趋势。要注意时差，先行上涨的一二线城市率先见顶时，三四线城市往往刚步入复苏区间。

购房时机受房地产周期、供求关系、购买能力等因素直接制约，在过于繁荣或过于低迷时介入都是不理智的，从众难以把握更好的机会，购房者应清醒的认识起落的规律，避免卷入跟风的漩涡中。

个人自住房属于中长期资产配置，如果市场处于上涨区间，那么只需要选择相对的低点进入就好了。或者在市场低迷的时候进场，在别人认为形势不好的时候便是最好的时机，反季买房常可以获得便宜的价格和较大的升值空间。

房价有超级回升的特点，上一轮下滑后，下一轮价值会大幅回升，更大的升值总是紧随滑坡而立，因此在市场萧条的时候，总有很多机会，此时折扣房

遍地，议价空间加大，充足的产品可以选择，贷款也相对容易。

从以往的市场波动来看，当一轮房价上涨之后横盘三年以上，或者下跌20%左右，都是相对的低点，这时房价已跌无可跌，买入不会有明显损失。

当然买房时还要综合考量购房成本，在谷底阶段也就是最低迷时入市买房，这时虽然房价降了，但房贷利率却会大幅提高，吃掉大部分的降价空间，有时细算也并不划算。

四、权衡市场动态与成交数据

房价普涨时代已经过去，一二线城市与三四线城市必然出现分化。不同城市，不同区域之间，涨落都会出现明显分化，建议在分析市场时要结合当地实际情况，把握市场周期波动的规律，准确判断楼市走势，我们才不至于踏空，同时也能规避不必要的风险。

有一些衡量市场走势的指标很值得参考，比如新房库存量与去化周期，这项指标非常重要，每一个城市都有一个供需平衡线，明显超过了，比如有的城市达到了36个月以上，说明严重供大于求，房价调整压力大；有的城市是6~12个月，说明供小于求，房价上行压力大；6个月以下的，房价上涨的压力非常大。

当库存过低，出现房价上涨的压力，政策就会有所收紧。2019年上半年各地库存冰火两重天：北京、烟台、沈阳、肇庆、厦门5个城市去化周期超过18个月；杭州、重庆、长沙、南京4个城市库存告急，去化周期在6个月或小于6个月，库存情况不同，这也是各地调控政策尺度不同的重要原因。

与新房市场对应，二手房市场成交数据同样反映了市场冷热程度。作为像北上广深等进入存量房时代的大城市来说，二手房数据不放量，房价就不可能有明显的上涨幅度。

通常成交均价与成交量正相关，成交量上升，房价趋向上涨，成交量下降，房价趋向回落，当房价还在继续上涨，而成交量出现持续下降，这意味着已经步入这一轮上行周期的末期，房价已处于阶段性高位，这时买房就要慎重了。

我们在决定买房前，必须分析市场状况，以选择合适的买房时机。一般来说，先根据市场行情与产品供应情况以及家庭承受力，对居住需求的紧迫性等因素综合判断并确定购买的时间范围。然后判断时机，根据宏观政策、市场与区域内价格走势及产品供应状况研判购买时间，要预留相应宽裕的搜索和选择时间。

常态的房价增长曲线呈现出缓慢而平滑向上的趋势,但这并不意味着各个地方房产的价格在各个时间段都在增长。对此我们要广泛收集市场信息和产品信息进行研判,并辩证分析。

阶段性价格波动规律普遍存在,购房者要对房价走势进行关注与研判,再根据当下价格与价值的对应关系做出选择,当然也不能光看价格走势,还要看产品供应总量与结构,在合适的时机与产品供应条件下才能够寻求产品性价比的最大化。

当房价明显回调后或相对平稳时都是买房相对好的时机,买房者要想把握时机,必须对整体经济形势与房地产市场形势做精确的研判。分析楼市政策风向、市场状态与民众心理预期、区域内价格走势及产品供应状况,在此基础上综合研判确定购买时机。

锁定一个楼盘后购房者也会面临时机选择的问题,很多楼盘都是分期建设,销售时都会给人一种节节高的感觉,其实这里面是有规律的,绝大部分楼盘销售都会分期低开高走。如何把握楼盘销售过程中的时机,取决于是否有适宜的户型,及户型的性价比,而不仅是价格本身。

五、关注开发企业和购房者的预期与行动

开发企业的行为是观察楼市冷热的风向标,"春江水暖鸭先知",楼市由热转冷的标志便是楼盘的促销手段变得更为繁复,尾货降价、无理由退房等都是常用的手段。

开发企业的拿地节奏也值得密切关注。可以通过媒体的报道获取土地溢价率高不高等信息,如果一个城市土地市场再次活跃,土地流拍率快速下降,溢价率提高,数据向好,那么说明这些开发企业对后市看好,市场开始热了,之后房价上行的概率就比较大。

2019年二线城市成为房企追捧的热点,回归二线成为开发企业的主流看法。本轮二线土地市场无论是成交量、地价还是溢价率都频频创新高。

而三四线城市供地放缓,未来楼市存在很大的不确定性。近三年棚户区改造,尤其是货币化安置在三四线住房市场的繁荣中发挥了重要作用。

2019年各省市棚改套数较2018年减少约一半。伴随棚改政策转变,三四线楼市本轮空前繁荣的局面将会落幕,这是大型开发企业逐步撤出的重要原因。

此外,民众的心理预期同样值得观察。当市场中普遍看好时,人们会热情地投入进去,而市场转冷,人们的预期就会转向悲观,大家开始观望。

可以说,当大部分人都看空楼市的时候,恰恰是相对好的时机。购房时应与时偕行,顺应规律,要根据自身的需求和承受能力做出最适宜自己的选择。

当房价处于回落状态时,很多购房者都有着抄底的想法,希望能在房价最低时购入,但楼市的底部实在难以预测,所谓的底部,不会是一个点,而是一个区间,是一个动态的过程,往往会昙花一现。

房价回落往往不会一步到位,而是经过两轮或三轮震荡下行,2017~2019年北京二手房市场就出现了三轮波动。

还有房产中介的动态,他们对市场的走势更敏感一些,中介门店的到访量与来电量是判断市场冷热的重要方法。当到访量与来电量数据偏低,市场不景气,很多中介门店也会显得冷清,有的还会倒闭关门。

需要特别注意的是,时机是相对而言的,鉴于各地楼市分化,对于一个区域的房产来说是购房的时机,但对于另一个区域的房产来说则可能是卖出的时机;从宏观来说是好时机,而从微观角度来说未必就是好时机。

购房时机的选择,一方面在于研判房价是否处于相对合适的区间,另一方面在于能否找到适宜的产品。毕竟房产和其他商品不同,它具有不可复制性。买房都有目标区域,当房价降到合适的价位时,在目标区域内很可能找不到能够让你满意的房子。

总之,如果看不清楚市场趋势,那么议价空间明显时买房,没有议价空间时卖房,按照这些常识与原则,就会避免做出误判。

第四节 优选房产平台和交易方式

一、优选网上房产平台

选房前可以先通过房产平台网站或 APP 来了解一些房源信息,根据自己的需求在网上寻找匹配房源,然后再去看房。但网上的信息鱼龙混杂,有真有假,所以在网上选房并不那么可靠。

网上选房一定要选择正规、专业、规模大的平台。这类平台覆盖范围广，对房源的价格、照片及描述等做过审核，房源相对真实，可信度较高，由此可以有效降低购房风险，规避因虚假房源等带来的麻烦。

目前全国型的平台有安居客、贝壳网、房天下、房多多、好屋、幸福里、房友网、我爱我家等，以媒体服务平台和互联网房产平台为主。

伴随房产营销线上化，一个城市可能有几十个线上房产平台，线下的房产交易机构更多，如何选择一个靠谱的网站，可能很多人较迷茫。

近年来受房地产市场调控、市场转型升级以及科技进步的影响，房地产销售和经纪行业正在面临着深刻的变革，很多购房者并不清楚，售楼处中的销售员其实往往并非开发企业团队成员，而是来自代理机构或分销渠道商，对此要有所了解。

二、新房销售的四种途径

新房销售主要有四种途径，开发企业团队直销、代理商团队销售、渠道分销和泛销。

开发企业团队直销就是开发企业组建团队直接面向客户销售房产，而不是通过中介销售。这样企业可以更加及时准确地把握购房者的购买动机和需求特点，把握市场脉搏。采用直销模式，销售过程中的费用由开发企业完全控制。

有很多的开发企业会选择代理商团队来代理销售房屋，代理团队往往在销售方面更专业，而且有客户资源渠道或系统，能够更快地完成销售任务。

所谓渠道分销，就是房产经纪公司或其他渠道公司利用遍布各区域的二手房中介门店或其他终端网络，为开发企业的楼盘销售进行一对一的客户深耕，扩大客户源，有效对接到真正的潜在客户，从而加快销售进度，快速回笼资金。

伴随着房产推广方式多元化，房产分销公司如雨后春笋般涌现出来。最近几年渠道分销占比不断提高，分销费用也水涨船高，渠道分销整合了很多资源，产生累积效应。目前在大城市中，超过70%的新房是通过经纪行业渠道分销，而且所占比例还在逐步提高，大有垄断之势。

"泛销"简言之就是"全民营销"、"全民经纪人"，是一种资源共享，互惠互利的营销模式。这种模式打破单一信息传播途径，让更多的人投入到宣传和销售过程中，从而实现快速销售。

2020年以来，开发企业自办线上购房平台快速崛起，通过巨量广告轰炸及打折促销方式提高市场占有率，房地产公司高管和员工，楼盘关联人员，如客户、合作伙伴、关联单位员工等，以及其他项目的销售员、销售管理者等都可以成为"泛销"人员。

以往新房销售以开发企业团队直销和代理机构销售为主，近年来受楼市调控、市场转型升级以及互联网模式的影响，房产销售开始呈现多元化的趋势，在大城市中代理机构逐步走向衰落，分销和"泛销"的比重逐步提升。

购房者在与销售人员打交道过程中，有必要了解清楚对方是哪方面人员，以避免出现不必要的误会，或是被莫名其妙的"卖"了。同时深入了解其服务内容，再综合做出选择。

三、二手房销售的两种模式

目前国内二手房市场中主流的居间行为以"一手托两家"的双边代理模式为主，实际上往往会更侧重于某一方的利益，由此造成一方满意，而一方不满意的结果。

1. 单边代理

单边代理指的是经纪人只能凭一方委托人的指示行事，而无权向合同对方当事人收取报酬，因而单边代理中，房产中介只需保障委托人一方的利益最大化。

2. 双边代理

双边代理指经纪人既为卖方服务，也为物业的买方服务。因代理的主体不同，房产中介在两种代理模式中扮演的角色也不尽相同。

双边代理要求房产中介服务于买、卖双方。一方面要替卖家争取最高的售价，另一方面则要替买家争取最低成交价，如何平衡买卖双方的利益冲突关系，对于中介而言毋庸置疑是道难题，现实中买方与卖方通吃的情况也屡见不鲜。

从目前来看，二手房买卖的居间模式不合理，"一手托两家"只对经纪人有利。鉴于此，"单边代理"制是大势所趋，也就是谁委托、谁付费、谁受益，对于保障买卖双方的权益也更为有利。选房时，购房者可以优先选择"单边代理"的机构或经纪人为自己定制服务。

第五节 选对开发企业与房产中介

一、选择开发企业的注意事项

房产交易是一个很复杂的过程,普通买房者很难清晰识别其中的问题及隐患,同时房地产市场并不规范,买房过程中容易出现重重陷阱,开发企业跑路、住房质量出现问题、业主入住后维权难等问题频发。要想规避房产交易与质量风险,选择可靠的开发企业就尤为重要。

那么我们该从哪些方面选择开发企业呢?

1. 查看资质与信用记录

有些人通过察看《企业法人营业执照》等确认开发企业的合法性及实力。但购房者在这方面大都不专业,难辨真伪。很多楼盘都是项目公司在运作,有的是联合开发,还有的情况更为复杂,因此这种方式在实际操作过程中存在较多困难。

购房者可以通过当地住房和城乡建设委员会(局)的网站进行相关检索,如北京市建设住建委网站查询中心中有"房地产开发企业资质证书查询""开发企业信用档案","企业不良记录"中"有不良经营行为的房地产开发企业名单"。此外"房地产经纪机构查询""销售机构和人员信用档案"和"新建商品房可售房屋查询"中的信息也可作为参考。

各行各业都有相应的资质认证,房地产行业也有,如一级开发企业、二级开发企业,不同等级对资金、从事年限、累计竣工面积、建筑施工面积的要求都有标准。从这个等级中也可以大致判断出开发企业的实力如何,尽可能选择资质更高的一级资质开发企业。

2. 了解开发企业的实力与信誉

开发企业的综合实力及口碑信誉是衡量开发企业的重要标准,对开发企业不甚了解,且放心不下的购房者可以通过各类媒体深入了解开发企业的实力、信誉,以及开发项目的评价与选择度等方面,以做到心中有数。口碑信息的获取比资质和信用记录更容易。

开发企业的实力是项目正常进行的重要保证，有实力的开发企业自有资金会相对充足，可以保证正常工期。购房者可从开发企业规模、市场占有率、工程工期和进度情况、合作单位的实力与品牌、银行贷款的发放情况、上市公司公开的财务年报及股票走势等方面进行评估。

比如2018年有一家上市开发企业的资金状况就出了问题，结果2700余户高端住宅被查封。近年来出现问题的上市开发企业越来越多，不断被管理部门问询，资金链岌岌可危。这时我们买房时就要慎重，开发企业严重缺钱可能导致楼盘烂尾或工期被拖延，即便能交工，质量也难以得到保障。

开发企业的信誉是保证兑现各项承诺的根本，可以通过了解开发企业的发展历史、主要负责人及以往开发过的楼盘状况等方面综合进行评估，如以往的楼盘是否按时交工？楼盘品质如何？是否发生过各类纠纷？通过以上综合信息对开发企业进行评估。

3. 实地考察验证

到开发企业已开发的小区实地考察，并访问一些住户；或者通过熟人介绍老业主了解前期产品和服务的情况；此外通过与开发企业工作人员的接触中，也可以对他们的专业度、服务等方面有所了解。

4. 优先选择大型品牌开发企业

一般来讲，大型房地产开发企业的开发流程相对比较规范，企业重视信誉与品牌塑造，一次事件可能会带来品牌的重大损失，因此较少出现重大事故。同时建筑材料都是指定品牌，多是国内或国际大品牌，相比更值得信赖。

品牌开发企业的物业通常都是自有物业公司，有一套完整的物业服务体系。从买房到入住，开发企业能够提供一条龙服务，后期交房质量和服务得到保障的概率会大大提高。

有些中小型项目公司，在项目卖完结算后就注销了，后期出现问题买房者会投诉无门。工程质量方面，也是从建筑商的信誉与口碑进行了解，选择知名品牌的建筑商。承建商和施工单位都具有一定资质，比较有实力，房屋质量更有保障。

二、选择放心的房产中介

尽管现在房产中介行业正在逐步走向规范化，但各类买卖纠纷还是层出不穷，尤其是一些假中介、中介乱收费等现象依然存在，因此要规避二手房买卖风险，最重要的是选择放心的中介，那么该如何做好选择呢？

（1）选择品牌中介公司。大公司管理体系完善，有相应的资质证书，注册资金高，成交量大，房源多，成交概率也更高。同时对从业者的要求严格，即使出现了纠纷也不怕找不到人，服务费用相对高一些也值得。

（2）口碑是重要的选择依据。买房者可以通过身边的亲戚朋友、上网查询等方式了解房产中介的各种信息，及其口碑情况。另外，各地管理部门（住建局或住建委）官方网站都有房产中介公司的备案及信用情况，可以事先查询清楚。

（3）看经纪人从业时间。这是一个重要的衡量标准。一个经纪人从业时间越长，靠谱程度越高，经验也越丰富。经验丰富、为人靠谱是重要的选择依据。

（4）看中介人员是否取得了相关的资格证书，同时看他对交易流程及一般性问题是否清楚，对于相关政策及缴纳的税费等手续是否足够了解，不要轻易听信其自吹自擂。

（5）看成交记录。有的中介公司会把房产经纪人的排名、客户评价、综合能力评分等挂在墙上，从中可以看出该经纪人的能力。

（6）看服务态度。高素质的从业者会把客户的需求放在第一位，耐心及时解决问题。

可以说，选择开发企业与房产中介是一门学问，选对了，基本无后顾之忧，选错了，可能会陷入不必要的麻烦。

第六节　VR全景+短视频看房新体验

伴随5G时代到来，各类新科技应用层出不穷，看房也不用那么累了。无论在网站上还是在APP上，各房产交易平台都推出了"VR全景看房"和"短视频看房"新功能，大幅提升线上看房选房的极致体验。

线上房源视觉化正在全新升级，"短视频看房"一般用30~90秒的视频形式呈现房屋的主要空间区域以及外部周边环境概况，还有楼盘的各项指标等。

"VR全景看房"可以进行各种场景切换，既可以俯瞰整个住区与周边环境，也可以总览房屋的3D户型图，根据指引点击进入各个房屋空间，场景、距离、纵深感等随着改变，好像自己真的亲临现场。

在房源平台上，找到自己感兴趣的小区，点击进入可以看到该小区的整体环境、道路交通、汽车人流以及周边配套设施等宏观全景画面，这些都是通过事先实景航拍形成的。

以往的 3D 看房没有深度信息，看到的全景图，还是 2D 的，很像拍好的照片贴在一个圆球里，场景转换不够自然，形变、位移都很生硬，感觉着有些假。现在 VR 全景技术实际上是重建了房屋的全息真实空间，房屋真实的空间尺寸、朝向、远近等，都可以随着用户观测角度进行变化，而非简单的平台图像呈现，让看房体验更真实。

"VR 看房"更具深度信息，可以让购房者更加直观的了解房源信息，由此打破时间和空间的限制，形成全方位地看房体验，带来更加真实的现场感和交互式感受，同时大大提高了看房的效率，对于部分行动不便的中老年人，可以事先在线上进行房屋信息对比，省去实地看房的劳累。

目前有的平台图片清晰度不够高，自由移动的空间较小，更像是在看全景照片，缺乏沉浸式体验，随着科技水平的提升，"VR 看房"的内容会越来越丰富，也会更加逼真。

此外，"VR 看房"的页面都有中介工作人员的联系方式，"带看"功能一般会及时反应，购房者可以通过微聊或电话的方式与中介进行沟通，深度了解房屋详情。

第七节　实地看房时如何避免雾里看花

一、不要被豪华售楼处所迷惑

很多人被包装精美的楼书或样板间吸引而动心买房，等交房入住时才发现住房内外一系列问题和瑕疵，反差很大，这时才后悔当时没有仔细查看，因而留下各种遗憾。

有些开发企业花重金打造一个富丽堂皇的售楼处，让人看着很有实力，其实都是用买房者的钱做营销罢了，很多人收房时才会发现质量大打折扣，即便北京的豪宅项目也出现过类似的情况。"外行看热闹，内行看门道"，真正懂行的人不会光看这些面子工程。

新楼盘销售现场一般都很气派，有的售楼大厅有五六层楼那么高，看似壮观，而你要买的房子就只有一层，大厅再高也只是暂时的场景。

二、查看五证两书

首先查看展示区五证两书是否齐备，这是楼盘是否可以对外销售的依据。

"五证"是指《国有土地使用证》《建设用地规划许可证》《建设工程规划许可证》《建设工程施工许可证》和《商品房销售（预售）许可证》。

"两书"是指《住宅质量保证书》和《住宅使用说明书》。

其中"五证"属于行政许可的范围和性质，"两书"是开发企业根据法律规定自行制作并提供给业主的书面材料。

尽管房地产开发管理在逐步规范化，但仍有一些开发企业，以各种名义变相开发，违规进行预售，以致购房者的权益无法得到保障，对此应保持警惕，如果有疑虑，要到相关主管部门或通过网站进行复核，以验证真伪。

三、读懂楼书和图纸

选择期房时购房者需要加强对楼书图纸、沙盘模型和样本间的鉴别能力。选房时一般要看住区规划图、标准层平面图和户型图。

（1）住区规划图反映规划布局，重点关注建筑楼型、建筑物相互关系、楼间距、密度与数量、采光与通风、道路系统以及绿化环境等方面。

有的开发企业为了多出面积，或是符合规划报批条件，采取"高低配"的规划方案，地块中间为独栋别墅或联排别墅，周边布置高层住宅。这种高层和别墅混搭，在实用性和舒适性上来说并不理想，后续很容易出现纠纷。

对于别墅住户而言，隐私性会比较差，心理上很不舒服，同时住区人口密度比较大，也难以有安静的生活环境。对于高层住宅住户而言，景致可能会不错，无论是物业管理还是相关资源都会偏向于别墅，容易造成心理落差。

近些年，高层、平层、LOFT、公寓、别墅、洋房等各种样式的房子层出不穷，相近品质的居住形式在一起更合理，这些在看规划设计图时要特别注意。

（2）标准层平面图可以看出住宅单元中不同户型的布局、相互关系，重点关注一梯几户、电梯配置、窗户和阳台是否互相干扰等。

（3）户型图注意看户内功能与空间布局是否合理、面积尺寸、位置、形状及相互关系是否合理。

四、细看沙盘模型

一般沙盘模型都会展现一幅美丽的画卷，销售人员会对其优点进行重点解读区域发展规划，基本配套等。购房者还要注意实际距离，比如与地铁的距离，最好走一遍看看到底需要多长时间。有孩子入学问题的，教育配套情况则要认真核实。

沙盘是一个住区的缩影，通常我们需要注意观察的是，密度是否过大、内部交通是否合理、周边未来规划如何、公共设施分布等情况。开发企业通常不把不利因素在沙盘中展示，如配电站、燃气站、生活垃圾中转站、化粪池等公共设施，看沙盘时具体问题要问清楚，不要轻信沙盘模型中的高度与楼间距。

[案例4-4] 有人买了一套联排别墅，签完合同又看了一眼沙盘，他发现旁边还立着一些透明的塑料体，于是问这是什么，对方回答还未建的高层住宅，这时他才醒悟过来，原来不是纯粹的别墅区，周边有一排20多层的高层住宅，而这时后悔已晚。

购房者要鉴别整体规划的合理性，看沙盘模型时，可以通过指北针、周边道路与标志性的参照物来确定楼盘的朝向；而后查看小区的整体布局，重点分析楼体位置、道路、景观环境和主要配套设施等信息，估算有意向楼体与周边楼体之间的距离，得出楼体的遮挡与采光情况；城建主管部门批复的文件中楼盘的一些经济技术指标，购房者可以对照进行估算。

有些沙盘模型展示的内容并不完全属实，如有意拉近楼盘与地铁、公园或主要干道的距离，扩大花园面积或缩小家具等物品的尺度等，这需要购房者对照比例，问清真实的情况。

五、考察新房样板间

听完区域及沙盘模型介绍后，考察期房的样板房是不可或缺的环节，很多购房者都把样板间当成买房标准，其实不然，样板间的空间可能会人为放大，而家具尺寸则可能偏小，此外开发企业会请知名设计师设计，采用高档装饰材料和家具，这样的装饰后的房屋看着很好，一般家庭很难达到这样的标准。

风格多样的装修在一定程度上成为户型缺陷的遮羞布，通过巧妙的设计，使房间看上去合情又合理，购房者不要被表面的装潢所迷惑，需要对其合理性进行推敲，对于销售人员不愿提及的重要部位，买房者要做详细查看，如果可能，尽量拿着图纸进行对照。

大部分的户型问题是可以规避或改进的，关键是空间格局是否合理，以及改造的可行性与经济性。不同的室内高度带给人不同的感受，如果高度不够，空间过大会显得压抑。顶级豪宅层高标配大都在 3.6m 以上，改善型住房最好也在 3m 以上。

看房时一定要观察楼间距的大小，不要小瞧这个问题，这关系到房屋采光、私密性的问题。楼间距过小，不仅采光不好，而且家人的一举一动都很容易被邻居看到，隐私得不到保护。

窗外风景也是看房的重点，房间位置不同、朝向不同，室外景致可能相差很大，一般能看到江河、湖海及公园的都是好的朝向，留意价格差别，并作对比。

室内户型、开间尺度、面积、净高、厨卫空间、采光性能，这些细节在参观时要细心一一体验感受，还有房屋配套设备的品牌、品质，尤其是电梯数量和品牌直接影响生活的舒适度。

如果是现房，购房者在考察时要开窗检查房内空气流通性，静心体会舒适度；如果是期房，要看图纸中的房间是否通透，主要房间空气是否能够对流，以及进深是否过大。

如果细心对比你会发现，同样建筑面积为 $100m^2$ 的房子，为何有的套内面积是 $82m^2$，有的只有 $75m^2$ 呢？都是因为公摊面积。买房时要算清楚去掉公摊面积后，套内面积是多少，此外，若有赠送面积，实用与否，避免不清不楚。无论销售说得多好，一般初次看房不要轻易下定金，一定要留足一天冷静时间，多看几个，做以对比，再决定。

六、与销售人员谈什么

购房者在看房时通过销售人员了解住区及房产以下基本情况，以及重点关注的细节问题。

（1）房产概况：了解楼盘竣工及交房时间，房屋装修状况，以及开发企业、建筑商、规划设计机构等必要信息。

（2）销售情况：了解往期入住情况，本期已售出和待售房源还有哪些，以及后续是否有待开发新房源。

（3）价格区间：了解往期及本期房源的价格水平，销售人员所能给出的优惠条件，以及议价空间。

（4）周边房源：了解周边同类物业的供应及价格水平，一般销售人员会重点介绍其他竞争楼盘的缺点，兼听则明。

七、二手房的实地考察

二手房最好提前进小区看一下周边环境，和小区保安或相关人员聊一聊行情，遇到大爷大妈也打听一下。

[案例4-5] 有一二手房源比旁边住区每平方米便宜近两千元，而两者各方面都很接近，为什么会有这么明显的价差呢？于是通过与看门大爷聊天得知，这个住区挖地基时挖出不少古墓，以前是坟地，当地人很忌讳，不愿意住在这里。

二手房要了解的问题包括，①建筑物是砖混结构、框架结构还是剪力墙结构，三者的抗震性大不同。②墙体裂纹、房屋漏水问题。③前面建筑物是否挡光，上午和下午去看得更清楚。④隔声及噪声问题，老房子的墙体和楼板隔声性能一般都很差，对噪声敏感者要格外注意，临近马路和铁路的房屋噪声一般较大，要打开窗户体验一下。

新建居住区按照规划设计要求配比停车位，购房者参观时要详细了解停车方式，以租还是以售为主，及其价格水平，这也是住区之间对比的重要方面。老旧住区建造阶段往往没有考虑停车设施，因而要留意如何解决停车问题。

看房时要尽量耐心一点，抓住关键问题，优点与不足要心中有数，之后再以此为依据进行讨价还价。

第八节　如何快速对房产估值

一、影响房产价值的因素

影响房产价值的决定因素是什么？房产价值不仅由产品本身的使用价值决

定，也取决于所处周边环境。一处房产的位置、区域发展状况与资源配套对房产价值具有决定性的影响，而房产本身的质量、房屋内部装修和设施，往往只反映房产的成本因素，对房产增值的影响相对有限。

影响房产价值的常规因素包括：

（1）政策因素：国家住房制度、国家相关政策法规、地方政策法规等。

（2）经济因素：宏观经济状况、物价状况、居民收入状况等。

（3）社会因素：社会治安状况、人口密度、家庭结构、消费心理等。

（4）自然因素：包括房地产所处地段的地质、地形、地势以及气候等。

（5）区域因素：交通状况、公共设施、配套设施、学校、医院、商业网点、环境状况等。

（6）其他因素：包括建筑物造型、风格、色调、朝向、结构、材料、功能设计、施工质量、物业管理水平等。

房产价值会随着经济发展、城市规划、周边配套设施与环境等因素的变化而变化，各种因素对房产价值影响不同，当利好的因素较多时，房产价值就会相应提高，能预期各种因素的发展，对于判断未来房产价值的走势具有重大的帮助，这也是获取房产增值收益的关键所在。

二、评估房产价值的三种方法

我们在买房时，可以采用简单易行的方法进行估值。评估房产价值，一般有三种方法，即市场比较法、重置成本法和收益还原法，对于一般买房者而言，市场比较法很直观，更容易理解，因而被广泛应用。

1. 重置成本法

重置成本法就是把各项成本进行累加来进行估值，前面已经介绍了房价的构成，对于专业人士更为适宜。比如北京成交一块不限价住宅用地，楼面价接近7万元，除此之外，税费、资金及建安成本与管理营销成本相对透明，由此可以推算未来售价将在每平方米10万元以上。当然入市时市场售价会随行就市，而成本底价我们还是可以初步估算出来。

2. 收益还原法

收益还原法是通过估算被评估房产的未来预期收益并折算成现值的方法，一般适用于商业物业、酒店式公寓等，通过租金收益预期回报进行反推。由于现阶段我国房价与房租比明显超高，因此对于住宅来说，此种估价法适用性较差。

3. 市场比较法

市场比较法是房地产估价最重要、最常用的方法之一，也是一种技术上成熟、最贴切实际的估价方法。一套房产的市场价格可以由近期出售的相似房产的价格来对照决定，与同区域近期交易的类似房产进行比较，对这些类似房产的已知价格作适当修正，以此估算估价对象的客观合理价格或价值。

按市场比较思路评估房地产价格的过程中，要对成交实例和评估房地产进行比较，分析两者的特性和差异，进而定量估测由这些差异所产生的价格差异。

这种方法可以快速估算二手房的价格，应注意做好交易情况修正，分析两者之间的特性和差异，进而定量估测，还应排除交易行为中的特殊因素所造成的价格偏差。

看房时，我们多对比几个区域内同类房产，心中就会有大概的估值。每个房子都会有其优点或缺点，为了选择均好性更高的房子，不妨以市场比较法为基础，做一个选房估值比较表，以量化的方式来帮助自己做好判断。

▶ 市场比较法基本内容见表 4-1。

表 4-1

比较因素	A公寓	B公寓	C公寓
交易日期			
成交价格（万元）			
房产面积（m^2）			
成交单价（元/m^2）			
交通条件			
周边环境			
商业服务业繁华度			
公用设施完备度			
平面布局			
建筑结构			
楼层			
容积率/绿化率			
装修/房龄			
物业管理水平			

第九节　精选按揭房贷

一、买房贷款的形式

购房款支付方式一般有一次性付款、分期付款、按揭贷款等，采用哪种方式更有利，这取决于购房者的家庭经济状况及偏好。有能力的购房者可以选择一次性付款，不过也可以选择按揭贷款，同时把闲余资金用于其他投资，获得更高的收益回报。

住房按揭贷款有三种形式：商业贷款、公积金贷款和组合贷款。

（1）商业贷款：购房者以所购住房，或以自己或者第三人所有的其他财产作为抵押，向银行申请获得贷款。

（2）公积金贷款：指按时足额缴存住房公积金的购房者，在购买住房时，以其所购住房或其他具有所有权的财产作为抵押物或质押物，向住房公积金管理中心申请的以住房公积金为资金来源的住房贷款。

（3）组合贷款：一般是指同时申请商业贷款和公积金贷款，该贷款方式称为组合贷款。购房者申请住房公积金贷款额度不能满足需要，同时又不到所购房价80%，可以再申请商业性贷款。

对于住房按揭贷款，首先我们要有正确的认识。20世纪大部分家庭都是全款买房，因此能买得起房的家庭特别少，直到如今，很多人依然还是习惯全款买房，不想跟银行借债，这与他们难以获得贷款或不了解按揭贷款有关。

很多人总是把房贷当成债务，其实它也是助你早日买房的跳板，在低利率及负利率的状态下，低息贷款是一种福利，多少人梦寐以求能贷出更多的资金。

二、买房贷款省钱小技巧

1. 公积金贷款的优势

一般来说，公积金贷款首付更低，利率也更优惠，有时一套房会比商业贷款节省几十万元。在买房的时候，尽可能优先选择公积金贷款买房，毕竟这是国家的福利，当然前提是别乱动公积金，以免被拒贷。

申请住房公积金贷款通常要满足一定年限的缴存时间，而且对申请贷款的最高额度和最长期限都有一定的限制，贷出的金额往往有限，难以满足购房的资金需求，因而相当一部分购房者采取公积金和商业贷款组合的方式。

实际操作中，公积金贷款手续复杂、周期长，还要准备许多相关材料向管理部门申报审批，因而有些开发企业不愿意接受，而且跨地区申请公积金贷款有限制。

2. 珍惜"首套贷"

很多年轻人之前不懂这个道理，浪费了最宝贵的"首套贷"。比如有的人在第一次买房时，只买了一套总价 300 万元的小房子，过两年就觉得小了，考虑换总价 800 万元的大房子，当初用好"首套贷"可以贷 7 成，就能实现一步到位。而这时他已经有了贷款记录，按照认房又认贷的标准，在北京二套房非普通住宅要 8 成首付，即便卖了小房子，手里资金根本买不了大房子，这样就错失了通过房贷扩大资产规模的机会。

那么何为认房又认贷呢？就是说既看家庭名下有没有房产，也看之前有没有贷款记录，即便是有过房产已经出售，或者有过房贷已经还清，都算是一次记录，再通过银行贷款买房时，就算是二套了，而二套房的贷款额度比首套房要少得多，利率也更高。因此首套贷是一笔财富，要特别珍惜。

3. 等额本息与等额本金

房贷的重要价值，首先要先认识清楚，那么如何通过房贷实现"节省几十万"呢？如果考虑 30 年期 300 万商业贷款，按基准利率 4.90%，等额本息每月需要还款 15921.80 元，还款总额 573.18 万元；等额本金首月还款 20583.33 元，以后每月递减 34.03 元，还款总额 521.11 万元，可见，两种不同方式的还款额相差 52.07 万元，以上是通过网上的按揭贷款计算器计算的，大家也可以试算一下。

通过对比，你会发现两者"每月还款总金额"有明显区别：等额本息，每个月的还款额都相同。而等额本金每月的还款额不同，所支出的总利息比前者等额本息少，本质是每个月大额还回去了，贷款本金逐年减少，它适合在前段时间还款能力强的贷款人。

此外，还可以通过转按揭还贷方式来实现省钱，比如买房时你在 A 银行贷款利率较基准上浮 20%，随着房贷利率逐步下行，B 银行的房贷利率已经恢复到基准利率，那么你可以考虑通过转按揭的方式变更还贷银行，当然这笔账要细算，看看到底可以省下多少钱再行动。

4. 贷款年限对比

关于 20 年和 30 年房贷，哪种更划算？是普遍关注的问题。

一般来说，还款年限越长，利息越多，以 100 万元为例，按还款时间 30 年计，那么最后全部还清是 191 万元，每个月要还约 5300 元。而按还款期限 20 年计，等额本息总共要 157 万元，每月还款金额约 6500 元，还款总额少了 34 万元，看起来后者非常合适，毕竟还款总金额少了，但每月的月供要多 1200 元，所以压力还是比较大的。

如果单从利率累计看，30 年期限贷款显然要支付更高的总利息，而事实未必如此，我们在判断贷款是否划算时，不能只考虑要偿还的总金额。

例如根据当前基准利率 4.9% 按照每月等额本息还款来算：75 万元房贷，贷 10 年，月供为 7918 元；150 万元房贷，贷 30 年，月供为 7961 元，两者虽然月供相差不多，而 30 年期的贷款额度却高了一倍，也就是说，贷满 30 年，你就可以买更大更好的房子。总价相差 100 万元的房子，在地段、户型、配套等方面都会有很大差距，好房子自然生活品质也会高出不少。

对于资金不太宽裕以及以投资为主的购房者来说，如果选择 30 年房贷每月少还两二千元，那么还贷压力无疑会得到缓解，手中可支配的现金也就更多，生活水平不会明显降低，将来有闲钱还能尝试其他投资。

具体贷款年限，还是要看经济条件以及个人喜好，通过计算、对比来做选择。实际操作时，银行对发放贷款的审查中，能贷满 30 年的并不多，影响贷款的主要因素有收入、信用、年龄、房龄等，如果你年龄超过 45 岁，通常你的房贷年限将不会超过 20 年。

三、房贷审批准备

申请房贷前需要了解银行在审批房贷的时候都查什么？并提前做好准备，一般包括以下几个方面：

1. 收入证明与银行流水

借款人的收入和流水是银行审查的重要项目，这两项直观体现了还款能力。银行对还款能力的要求通常是月收入≥房贷月供的两倍。银行流水，一般需要提供 6 个月以内的，注意两者的协调性，如果收入证明很高，而流水很低也很难通过。

2. 征信报告

征信报告是借款人个人信用的体现，一般查借款人家庭 5 年内的贷款记录和 2 年内的信用卡记录。新版征信已经启动，对个人信用信息的采集将会更详细、更及时，不良记录时间更长。这张身份证信誉好不好，将直接影响贷款办理和房贷优惠。此外，要特别注意，频繁查询征信报告对申请房贷也有影响，总之诚信第一！

3. 婚姻状况

已婚人士要审查夫妻双方的房屋情况、收入和征信，假离婚买房要慎重。

4. 年龄和职业

借款人的年龄和职业从侧面反映出还款能力和稳定性。像公务员、教师、医生、国企员工等收入稳定人群，一般被银行归为优质客户，更容易受到青睐。

5. 已有房屋状况

借款人的已有房屋套数和还款情况，直接关系到接下来的贷款首付比例和利率。从这个角度看，买房不能太随意。

6. 房屋房龄

首先要注意，不是所有房产都能获得银行按揭贷款，要先搞清楚产权等相关资格。如果买二手房，银行对房龄有限制，通常是 20~25 年，房龄大的二手房可能会被降低贷款额度或拒贷。另外，房龄还会影响贷款年限，一般房龄与贷款年限之和小于 50 年。

第十节　如何与开发商或卖方议价

买房可是花的自己的血汗钱，如果你不懂砍价，那么就免不了花冤枉钱，尤其二手房的挂牌价一般都有些虚高，这是商品买卖的一般规律。因此掌握砍价技巧，并灵活应用，就可能会省下十几万元乃至几十万元。以下为大家介绍一些买房砍价的妙招。

一、新房砍价要点

1. 买房砍价先要找准目标

对于热销的楼盘或是规模大的楼盘，一般不会有太大的议价空间。如果有太大幅度的降价优惠，传出去会引发比较大的混乱，开发企业一般不会冒这个险。

但是期房通常都会有一些降价空间，往往越早优惠幅度越大，这种优惠一般与对期房的预期挂钩；此外尾盘也较容易杀价。一般到了年末，开发企业大都会做出比较大的让步，从经验看，这个时候能砍下 1%~3% 都很正常。把握好房企降价促销的节点甚至能拿到 8 折的优惠。

2. 考察分析，与其他楼盘及楼型做对比

在谈价钱之前，最好对楼盘的各方面情况及不同楼型的价位有一定的了解。比如问清楚不同楼层、不同楼栋的差价，了解底价和售价之间的差距。可以先选择一个比较次的单元谈价，再要求以同样的价格买更好的单元，并尽量找出两个单元的相同点或差距不大的原因。

考察周边同类楼盘的情况，对周边楼盘的均价做对比分析，谈价钱时可以从挑毛病入手，有针对性的对比，才可能使售楼人员做出让价考虑。只有你了解基本行情，才能更好地砍价。

因此看房时要留心房子的细节，多问多听，这对于议价是有好处的，只要你用心寻找，总能找到问题，议价的可能性就比较大。比如，开发企业广告中说 10 分钟到地铁，而你实际考察发现起码得 20 分钟，对于不实宣传，那么对方就会理亏。

3. 找对人

一般开发企业内部按照层级都有相应的折扣幅度，要想拿到更大的折扣最好找营销负责人；参加团购，集体议价一般也可以争取到一定额度的折扣；还可以找老业主介绍，争取额外折扣。

当然还有其他的各类妙招，比如可以告诉售楼员已在其他楼盘付了定金，看是否能再便宜点给以补偿；或者告知自己考虑一次性付款，看看优惠的底线在哪里。

二、二手房砍价要点

相对于新房，二手房的议价空间很大，一二线城市更明显。有一案例，有人去年相中了一套别墅，当时价格是 1800 万元，没谈拢就没买，今年再谈，换了策略，谈到 1500 万元，居然省下了 300 万元。那么该如何砍价呢？

1. 深入了解卖方及房源情况

在与卖家进行砍价前，要先识别卖家是普通居住者还是投资者；卖房原因，是否急用钱，是否换房；买入时的价格，以及卖方性格特征等。多了解卖方各方面背景，有助于抓住业主成交心理，正所谓"知己知彼，百战不殆"。

一般情况下，置换型卖家都渴望尽快出手，"急抛房"挂牌价往往低于市场水平，这都是可遇而不可求的。

此外，适当找到房子的不足所在，让卖家觉得房子也是有缺点的，就和买衣服砍价一样，在看房的过程中抱怨一下房子的不足之处，才能够为自己讲价找出理由来。

因此砍价前要做好准备工作，一定要理性砍价，如果你无脑砍价，那么卖家就觉得你没有诚意，自然不会与你多谈。

2. 降低卖家的预期

房产交易砍价往往是心理博弈的过程，二手房价格不断在变化，它反映着卖家的预期，卖家预期高就坚持不降价，预期低就可能大幅让利。比如说10年前我在买房时，当天谈好了价格，结果第二天对方就变卦了，要求加20万元，否则就不卖，为什么呢？他在网上读了某位专家的文章，说房价还会继续涨，于是就有了信心。这时该怎么做呢？如果你做好了准备，不妨找一篇看跌而且看似很有道理，同样是名人写的文章，这样就可能会扭转他的预期，至少还有可商量的余地。

那么还有哪些方法可以降低卖家的预期呢？

对比议价，比如给卖家介绍同小区同类型价格更低的房源，说服他把价格降低。这时对方如果不降价或不给些优惠，那么他就会心虚。还有分析本小区的实际成交情况，拿事实说话，通过分析房子的优缺点，对比其他已成交的房子，来建议更低的价格。总之，通过分析卖家的诉求，换位思考，来降低卖家心理预期价位。

3. 了解对方常用的借口与说辞

在与卖家议价时，对方很可能拿出家人不同意等来做为借口，一般这只是一种谈判技巧，不必完全放在心上，对于常用的借口，要事先想好应对的策略和合理的理由来应变。

还有无论新房还是二手房，在看房和砍价时都要保持良好的心态。

很多购房者一看到自己满意的房子，就两眼放光，按捺不住喜悦的心情，如此一来，就算卖家再傻，也知道你很喜欢这套房子，这时再想砍价可就难了！尤其细心的售楼员都能看出来，自然不会做大让步，因此不管多么好，都要学会控制自己的情绪，这样才能更好地砍价。

有一条砍价的方法非常管用，那就是暗示卖家"我有备胎"，并不着急，在和卖家商议的过程中观察对方的反应，并做好有针对性的准备。

此外，在看房时，不妨准备少许资金，如果看到满意的房子，就向卖家透露，如果价格可以便宜点，那就立马交定金。以少许定金来表示诚意，这样卖家多半会做出一定程度的让步。

二手房议价时，要建立多次砍价的策略，不要想着一步到位，首次报价时，最好给出低于自己心理预期的价格，这样还可以留出让价的空间，不至于太吃亏。

三、性价比和房屋总价更重要

购房者一般对单价的关注度很高，而事实上，性价比和总价对购房者的影响真正更大。俗话说，便宜没好货，买房也是如此，房价不是越便宜越好，关键看性价比，房屋的性价比主要体现在产品性能、地段、环境、物业管理等方面都高于同价格的其他商品房，高性价比意味着物有所值，价格适中合理，购房者要从价格中看清楼盘的价值。

在看房过程中，你会发现房价有很多种，诸如内部认购价、开盘价、均价、成交价、起价、最高价、清盘价等等，不同的楼栋、户型和楼层，价格还是有一定的差异的，因此看房时一定要清楚售楼员说的价格是哪个价格，要以实际价格为准。

此外选房时最好与其他同类楼盘（相似区位、产品与环境的楼盘）进行比较，了解本区域同类产品价格水平，以及楼盘价格历史变化，有利于把握出手时机。

一般来讲，小户型总价较低，但单价较高，大户型总价较高，而单价较低，开发大户型住宅有利于降低成本及销售，因此以往大户型楼房较多。而在二手房市场，大户型住宅转让价格往往明显不如小户型的升幅高，且耗时更长。还有一种被称为"紧凑户型"的产品，面积适中，格局合理，空间利用率更高，性价比相对较高，这样的户型值得优先考虑。

第十一节　签合同时应注意的问题

一、常见购房合同纠纷

签订购房合同是房屋买卖的重要环节，是购房者与卖方就房屋交易达成的一致协议，新房和二手房的正式购房合同范本由国家或地方相关部门统一定制。合同内容主要包括房屋基本情况、房价、付款约定、交付约定、违约赔付责任等事项。

关于购房合同的纠纷很常见，为此在签订合同时要特别注意以下问题。

1. 确认合同主体

无论购买新房还是二手房都要明确房产的真正产权人，他是合同的主体。很多项目存在开发企业与投资商不一致的情况，在这种情况下购房者还是要与开发企业签约，同时要注意合同上的公章是否有效，避免开发企业推卸责任。

有时代表开发企业签约的人并不是法人代表，也可能是开发企业委托的代理公司；二手房交易中类似情形也很常见，如果没有"授权委托书"，那么这个人的签字无效。

2. 项目名称与地址

大部分开发企业都会给项目起个好听的名字，如同歌星起的艺名一样，这样便于传播推广。而在签合同时就要写政府批准的名称，这才具有法律效力。

同时在签合同时，要注意合同上的详细地址，错一个字都不要签，即便一字之差，从法律上来说，就不是同一个地方了。

3. 约定定金规则

定金与订金虽然只有一字之差，但是它们在法律上的意义却是天壤之别。

定金是在合同订立或在履行之前支付一定数额的金钱作为担保，又称保证金。定金数额不超过主合同标的额的20%，如果给付定金方不履约，无权要求返回；如果收受定金方不履约，双倍返还。

订金指的是房屋买卖双方有意交易房屋，协商签订临时认购协议，买方支付订金即取得了在此期限内的优先购买权。订金不同于定金，订金视作预付款，在合同正常履行的情况下，订金成为价款的一部分。在合同未能履行的情况下，不管哪方违约，订金原数返回。

因不懂法律内涵的区别，这一字之差导致的纠纷非常多，为此在认购书中可以注明，如果双方就商品房买卖合同协商不成，出卖人必须向买受人退还订金。

4. 车库车位的约定

有些销售人员为了让购房者签订合同，往往会承诺赠送或可以低价购买车库、车位，口头承诺在法律上很难被认可，需要写入合同中。而且车库、车位要实际勘察，了解基本情况，需要注意的是人防车位不能办证。

5. 办理贷款问题

目前房屋贷款管理日趋严格，并非每个人都能够成功办理，为此有必要先到银行查询个人征信，事先确认。购房者需要在合同中对贷款不成功时做出详细的约定，否则购房者拿不出钱来一次性支付房款，则要承担违约责任。因此在购房合同中可以约定在买方无法办理贷款时，可以解除合同，卖方应返还定金。

6. 公摊面积出入

有些开发企业常在"公摊"上大做文章，因而公摊面积争议也很常见。对此有必要在合同中约定清楚，不仅要有一个笼统的公摊面积数字，而且要约定公摊的是哪些部分，确定公摊的具体位置。另外，开发企业所赠送的面积，均不计入房屋公摊面积。

7. 交房时间问题

在购房合同中要明确交房条件、时间以及逾期交房的违约责任。注意：不能允许单体验收即可交房。签订合同中可以约定如果出现房屋烂尾导致无法如期交付的情形时，购房者有权提前解除合同，开发企业无条件或按约定退款。

8. 约定办证时间

有些开发企业会以各种理由拖延办证时间，因此购房者在购房合同里面要明确约定房产证办理时间，并约定好双方违约责任。按照《商品房销售管理办法》的规定，约定办理产权证的期限应为60日。

9. 明确装修标准

购房合同应明确房屋的装修标准，一些关于质量细节要求的描述均要写进合同。

如：卧室、厨房、卫生间的装修标准、等级；建材配备清单、等级；屋内

设备清单。避免出现"在装修材料上,选择最好的、国外进口的"等含糊描述。

10. 完善合同条款

目前各地购房合同都是标准文本与条款,还有一部分是留白的。购房者要认真仔细地阅读每一条款,认为不合理或含糊的字眼,就提出疑问,遇到霸王条款,要坚决修正,根据实际情况选择对自己有利的约定。空白部分不能由卖方预先填好内容,正确的做法应当是双方当事人就此协商一致。

11. 户口迁出问题

为了避免因户口问题引发纠纷,首先要了解卖方的户口状况,在签署合同时可以约定适当的付款方式和违约责任。如在合同中约定,只有当户口已经迁出时,才会付清全部购房款,并明确违约责任。

二、阴阳合同问题

所谓阴阳合同是指买卖双方签订两份不相同报价的二手房交易合同,一份"阴合同"用于私下交易用,其交易价格就是真正的房屋交易价格;另一份"阳合同"用来办理过户手续,其价格比实际成交价格低,以此来减少二手房交易的契税等费用。

[案例4-6] 深圳市税务局对一套阴阳合同二手房开出"罚单告知书",处罚双方各477.69万元。该房源过户的"合同成交价格",即实际成交价为7500万元,过户价格(即计税参考价格)为3751.23万元。双方为了逃税做低价格,在实际过户中把合同成交价格写为计税参考价格。本来是双方达成了一致的"擦边球"操作,不曾想却被前买家发现,并向相关部门进行了举报。

阴阳合同是一种违规行为,尽管能给当事人带来利益,但同时也隐藏着相应的风险。税务部门的管理会日趋完善,对此要特别注意。

购买新房有时也会遇到阴阳合同问题,近两年政府限价很严格,有些开发企业就想出"双合同"的奇招,一份就是政府指导价格的住房买卖合同,而另一份是以装修、车位、水电等为名义的补充合同。

例如政府要求某楼盘网签价格不能高于3.8万元/m^2,然而楼盘卖到了4.8万元/m^2。于是开发企业就签一份"购房合同",均价为3.8万元/m^2,用于网签备案,再签一份"装修合同",均价为1万元/m^2,以顺利备案,而购房者若再卖出时却是一件麻烦事。

第十二节　收房与验房要注意的问题

一、收房过程中的注意事项

收房的一般流程为：房地产开发商下发《收房通知书》，收房验收的当天要交一部分钱，包括契税、住宅专项维修基金、面积差额房款及物业费等。

关于收房时间，一般收房是有期限的，如果不能按时收房，会被视为逾期收房而承担违约责任，建议按通知上约定的收房最后的期限之前去收房。

一般收房时开发商出示《住宅使用说明书》《住宅质量保证书》和《住房实测面积报告表》《竣工验收备案表》等，只有这些证件齐全，才能说明商品房质量符合国家有关部门认可的标准，如果开发商不出示就可以拒绝收房。各地交房规定不一，应根据本地规定来保障自己权益。

收房时要核对买房合同、附件及补充协议与房屋是否相符合，避免出现装修后才发现装错房间的故事。核验房屋的面积也很重要，法定面积误差是原建筑面积的3%，如果确定房屋面积出现明显误差，应根据合同中的约定向开发企业提出异议。

在收房过程中，一定要坚持原则，先验房，再确认，交钱、签字。还有的让你先收钥匙再验房，而合理顺序应该是先验房，再签署住宅钥匙收到书。一旦房屋验收合格，开发商把钥匙交给买房者，那么后续的一切风险从此由买房者来承担。

收房时开发商会要求业主缴纳契税、交易手续费等相关费用，否则就不给业主办理入住手续，这时要有字据凭证，并把收据保存好。

如果在验房过程中，发现墙面空鼓、裂缝、门窗质量不合格等问题，要记录在《房屋查验报告单》中，并当场与开发企业负责人确认维修方案及整改时间，要把问题落实在纸面，以免对方拖延。

在一些大城市中验房师的职业已经很普遍，如果不放心，可以花点钱请一位专业的验房师在收房过程中把好关，有必要的再做个详细的实测，包括室内环境指标、装修界面误差、闭水试验、关闭门窗条件下室内噪声测试等等。

尤其是精装修房屋，室内空气质量等诸多问题很难凭借肉眼看出，等交房入住后才发现就为时已晚。一般验房师会提供书面测试报告，可以据此让开发企业通过内部维修机制，对未达标的方面进行整改，直到符合标准要求为止。有了验房师不仅更专业，而且要求开发企业解决问题也有了依据，可以理直气壮。

二手房收房交接过程中一般可由房产中介指导，按流程操作，要特别注意的是各项费用是否已结清，完税情况，以及各项设施更名问题等，之后再办理过户手续。

二、验房中的房屋细节问题

那么验房时具体该注意哪些细节问题呢？常规流程如下：

第一步，首先检查入户门的规格跟合同是否一致，开启是否灵活、有无异响、配件是否齐全。

第二步，实操检测玻璃窗是否完好，开关是否顺畅，门窗密闭性能及是否存在变形问题。摇一摇栏杆，看看阳台栏杆是否牢固。

第三步，检测地面空鼓。用空鼓锤轻敲地面诊断是否存在空鼓，如果听到沉闷的空空的声音，则表示有空鼓。

第四步，检测墙体开裂、倾斜，以及是否平整光滑，有无开裂、掉灰等问题。

第五步，测量室内层高，是否与开发企业建筑标准相符；查门洞尺寸，宽度、高度是否达标。

第六步，检测给排水。检查厨卫中的下水管道与预埋管接口是否进行密封，是否有渗漏，打开水阀看排水是否流畅。

第七步，厨房需要检查煤气表、阀门是否齐全，安装是否牢固，另外看看煤气表、水电表的数字会不会空转，还有通风和排烟通道等是否顺畅。

第八步，检测电气安全。在断电的情况下，拨动各插座开关，检查运作是否灵活。

第九步，检测房屋防水。在地面蓄水然后放水，观察地面是否有积水现象。如果选择的是顶层，为了预防出现漏雨等特殊情况，可以选择下雨天去收房，同时查验墙壁防潮情况。

第十步，精装修的房子需要清扫地面的灰土；看看是否有地砖或地板破损、裂缝等细节问题。

验房时要清点房屋使用情况，按照买房合同中的约定对房屋内的设备进行清点，检查水、电、气、热等设备完好程度及使用状况，如有不符或缺损，应在交接时要求相关负责人在交接清单上注明，并要求相关负责人书面确认具体更换和配齐日期。

房屋不像汽车一样完全按工业化、标准化生产，因而房屋质量问题可能千奇百怪，在面对具体问题时也要分轻重缓急。如果出现房屋主体质量问题，而且难以修复，那么买房者有权要求开发企业退房；如果是房屋存在掉灰、掉砖、细微裂缝等问题，那么业主可以要求开发企业及时进行修补；如果是房屋的配套设施不过关等需要第三方解决的问题，而且在保修期内，那么业主也可以先与开发企业签订协议或约定，收房后再解决这些问题。

第十三节 用好珍贵的"房票"

一、优质"房票"是稀缺资源

近两年伴随楼市调控政策再度升级，限购、限贷成为购房者绕不过的坎，多少人为此办理假离婚、交假社保，乃至借名买房。因此房票、贷票、资金都弥足珍贵，什么时候用、用在什么地方，需要慎重思考。

[案例 4-7] 有学友曾发来一处北京在售房源，临近地铁，区位极佳，20分钟左右可达国贸、望京和通州三个CBD，非京籍具备资格也可以购买，而均价居然只有22000元，不及周边商品房的1/3。

看到这样的消息你会不会动心？有人还会怀疑，这是真的吗？确实是真的。买这样一套房无异于买彩票中大奖！可是，别高兴太早，你有买这类房产的资格吗？

如今已经消失在历史中的票据在楼市中又以"资格"的形式隐隐出现，而且颇有福利意味，如当年的经适房和双限房资格、2010年各地开始限购后的买房资格等等。当年有些人就以2600元/m^2的价格买100多m^2的经济适用房，后来房价涨至4万元/m^2多，享受了"房票"的红利，实现了家庭财富的倍增。

有些人有买房的想法，但苦于没有房票，这事还真得提前筹划，毕竟大城市的限购政策一时半会儿取消不了，不过只要你认真琢磨，机会总还是有的。如今有些大城市户籍制度放松，要落户的就抓紧把握机会；还有办理工作居住证可以获得买房资格，一般办理需要几个月的时间；要交社保或纳税买房，则要提前两三年做准备。

近两年在严控政策下，具有买房资格和能力者比例大幅下降，50余个被限购城市买房都需要"房票"，由此优质"房票"成为稀缺资源。

有些人还在考虑先买大城市周边的房产或老家县城的房产，而在认房又认贷的情况下，一旦买了就会丧失首套房"资格"，即便以后有资格有能力买大城市房产，首付将由3成增至二套房6~8成，成本与门槛大幅提高。这意味着首套房资格与机会成本往往价值上百万，对于非本地户籍者而言则更酷似入场的"门票"。

因此如果有在北上广深等大城市定居的长远打算，而且一直在交社保和个税，有将来买房的打算，那么就不要轻易动用首次买房资格，尤其是"首套贷"，确保政策红利实现最大化。

二、用好"房票"有所为有所不为

我们该如何用好手中珍贵的"房票"呢？可以从如下几个方面做以考虑：

第一，优先考虑资格严格的"特区"

除了城市限购之外，还有区域限购，如通州成为北京城市副中心，房价大涨之后就出台了区域性限购政策，从保值增值角度看，新城建设标准超过老城区，无疑是首选，如今有在北京首套买房资格还可以在通州买房，近几年一直为学员们做优先推荐。

第二，优先考虑新房，尤其中心城区新房

首套新房的首付一般是30%，其余70%可以贷款，而二手房的首付比例要依据银行的评估价格，考虑到房龄与房屋的折旧等因素，一般多说只能贷50%左右，相比买新房可以贷出更多资金，降低首付的压力。

新房的规划设计更为合理，品质较房龄较老的二手房更好，同区位比较，未来升值潜力相对更大。各大城市中心城区住宅用地相对有限，因而价格会因需求增多而水涨船高。

新房涉及的交易费用较少，主要是契税和专项维修基金；二手房涉及的交易费用有契税、个人所得税、增值税、中介费用等，相比更高。

从产权年限来看，一些"高龄房"的产权年限只剩下30~40年，需要考虑折旧，如果没有学区等特殊价值，那么升值空间有限。

第三，优先考虑临近地铁站点的房产

从各地二手房的成交价格来看，有无地铁是衡量二手房价格的一个重要因素，临近地铁或轨道交通的房子更具有升值空间，而且更易出租，保值能力也更强，相对风险也就更低。

第四，资金相对充裕可以一步到位

曾有人咨询深圳 $7.9m^2$ 的"鸽子笼"类住宅能不能买，如果占用宝贵的首套房资格，那就得不偿失。如今买房选择成了一道复杂的数学题，要综合考虑房票的价值及机会成本，

二胎政策放开后，家庭人口结构随之变化，三口与四口之家的选择将会不同，基于此，考虑到房票的价值，在资金相对充裕的情况下，买房时可以优先考虑低单价面积大一些的。

买房要有所为有所不为，以下两种情况的要慎重：

第一，跨区域投资置业须谨慎

各大城市被限购之后，又有很多房产中介在热推更远的城市和海景房，有房产机构组织去买几百公里外的四五线城市别墅，买入这种类型的房产被套的概率太大了。如果资金总额有限，若非考虑自住，对于跨区域买海景房和旅居房产一定要慎重。

第二，谨慎买入商住房和公寓

住宅附加了各种社会福利和资源，而商住房和公寓则没有这些附加项，因而价格看似便宜不少，在北京等城市，购买商住房将会占用买房资格，得不偿失。一般来说，商住房的居住性能远低于住宅，未来升值空间也有限，占用宝贵的"房票"那就太可惜了。

总之，在面临选择时，我们要权衡利弊、长短结合，真正实现"房票"的政策红利价值。

第十四节　如何节省买房的时间成本？

买一套房往往需要几个月的时间，那么我们该如何安排好时间呢？

（1）熟悉流程，少走弯路（详见第四章第一节、第二节）

没有经验的购房者，在买房时两眼一抹黑，对于流程一无所知，而买房又不像买其他商品那么简单，没有地图就意味着难免会走冤枉路。

一般在买房时，办理按揭贷款和房产交易过户的时间都相对较长，提前把流程搞清楚，做好统筹安排就可以避免浪费不必要的时间。

房产涉及的内容很多，不只是楼市形势，像容积率、公摊、学区、等额本金、等额本息……这些概念要搞清楚，平时关注并学习、储备一些房产类知识是有必要的。

（2）根据实际情况做好相应的买房规划（详见第一章第五节）

到底选择首套婚房、学区房还是改善型住房？自住还是投资为主？选择新房还是二手房？选择期房还是现房？选择精装房还是毛坯房？这些都是必要的准备，也只有明晰自己究竟需要什么，确定好目标，才可能以最快的时间找到最适宜的房子。当机会来临时，你才能快速把握。

（3）在网上做好功课，做好初步选择

有学友做好打算买房，可总是抽不出时间到售楼处看房，该怎么办呢？可以先通过网络做好选择，根据自己的实际需求，进行针对性地搜索查看，最终重点确定3~5个意向楼盘，然后抽出一天时间去实地看房。

一般各地住建委（局）官网中都收录了全市有预售证的楼盘，并可查看各楼盘最新的动态。此外还有各类房地产媒体的网站，细致入微地提供楼盘详情和图片，以及具体每一户的户型图，信息很丰富。

随着科技发展，网上看房技术也越来越先进，有的房地产网站除了提供的房产各项信息外，还引入VR看房，这样更为直观，可以直接点击某一楼座，就能查看每一户的户型图，甚至还有样板间的视频，坐在家里便可一目了然。

网络选房方式可以节约大量时间成本，但有些时间千万不能省，实地参观考察依然是必修课，毕竟很多问题只有在实地查看后才能发现。

（4）选对房产中介或选房顾问

选经验丰富、靠谱的专业房产中介或选房顾问无异于有了好管家，这样可以有更多精准选项以及选择方案可供参考，而且流程上也更为顺利。如果找不对，出现一些问题或纠纷，那么就可能要拖延很长时间才能得以解决。

有些人时间非常紧张，这时不妨选择专业的选房顾问，让他们把准备工作替你做好，到时候你抽出一两天时间去看房、谈价，其他手续与流程上的事情也可以由他们代办，这样实现了分工专业化，也不失为一项好办法。

（5）学习掌握专业的选房方法

有些人内心存在各种困惑，在买与不买之间总是犹豫不决，这样容易拖延时间，因此我们在做决策时最好找专业顾问咨询，不要总是自己瞎琢磨，耽误工夫。另外不要被负面的情绪所绑架，这样才能做出最有利的选择，节省决策的时间成本。

熟练掌握并利用好各种工具，尤其通过问询等方式快速找对当地主流的房产网站以及地图找房等，不仅会有更多真实的房源，而且有更精准的选择方案，从而节省不必要的摸索时间。此外网上还有房贷、税费等方面的计算器，直接输入数据就会有结果，这样可以大大节省我们做测算的时间，找到最佳的路径和工具实现事半功倍。

特别提醒注意的是，砍价的时间要留足，一套房价格可能多几十万元，也可能少几十万元，因此不要盲目地省时，还是要把时间用在有价值的事上。

总之，买房是人生中的大事，做好了各项准备，则少走弯路，有些时间可以省，有些时间则要留足，看房一定要精挑细选，毕竟一套房子至少要用几年，乃至十几年，合适与否只有自己最清楚，不要因为一时的忙碌而留下遗憾。

第十五节　买房省钱的好方法

一、把握买入低价房的好机会

市场上存在低价房原因的有多种，比如说信息不对称，卖家对市场行情不敏感，由此造成低估；卖家资金链紧张被迫抛售；开发企业回款还债或者尾盘

促销等。

1. 内部优惠认购

在楼盘开盘前，为了创造一种旺销氛围及合理定价，会在小范围内以"内部认购"的方式推出一定数量的商品房。开发企业一般都会按照的"低开高走"的营销原则卖房，内部认购一般比开盘价具有一定幅度的优惠，此时是该楼盘销售过程中的"最低时段价"，购房者此时果断出手，一套房可能会享受几万元到十几万元的优惠。

对于普通购房者而言，内部认购也常会伴随着各种风险，但参与内部认购的人和开发企业大都有一定的关系，或者属于优惠照顾的对象，在这样的情况下，风险则会相对较低。

2. 团购享受折扣

近些年来各类房产团购活动如火如荼，并日趋常态化。团购可以形成合力，获得一定的优惠幅度，同时对于市场波动与楼房质量等方面的风险也有一定的规避作用。

很多城市机关企事业单位参与楼盘的团购，有些价格可比市场价低10%~20%，而一般自发组织团购的，根据成员的议价能力，可以争取到5%~10%的折扣空间。当然团购中也要防范风险，警惕先提价后打折以及开发企业的托儿，对楼盘及企业要有一定了解，不可盲从。

3. 尾房中淘金

当楼盘销售量达到80%以后，一般就进入项目清盘销售阶段，此时销售的房产被称为尾房。尾房一般有两种情况，一种是有某些"问题"的房子，一些尾房确实因为有朝向差、楼层差，户型不合理等因素而销售不畅，但并非所有尾房都有天生的缺陷，且大部分都具有可以改造的空间，综合价值并不差，尾房的价格相对较低，具有一定价格优势，若能合理改造即可获得较高溢价；还有一种是楼盘中比较好的房子，开发企业留作自用，或在最后"压场"，这更需要买房者慧眼识金。

由于楼盘到尾盘阶段开发企业一般不再打广告，买房者可以通过到售楼处实地或物业公司及周边中介公司询问。当然尾房大都为现房，价格并不一定比最初开盘时的期房便宜，但现房的风险相对较小，可以随时入住，同时还可以考察已入住业主的实际居住情况，对于可能存在的问题一目了然。

4. 关注抛售房

当楼市处于下行区间时，在二手房市场中经常出现由于急需资金，而以明显低于市场价出售房产的情况，由于房产购入时价格较低，对于卖主而言只是赚多赚少的问题，因此议价空间较大。

由于楼市调控措施持续不断，一些房地产开发企业会出现资金链紧张，从而使新房出现大幅降价促销的情况。比如近两年有大型房地产企业推出全国85折的房源，也有的房企急于回款还债，促销价格会更低。类似的情况在各地并不少见，这时要加以区分，如果这家房企确实已经陷入困境，那么还需要评估未来是否会有烂尾的风险。

在市场下行阶段，抛售房产的情况发生时，只要购房者有足够的耐心，就有可能以低于市场价20%~30%的价格购买到称心如意的房产。

当然不能守株待兔，而要主动出击，多关注市场动向，与售楼员或房产中介建立关系，及时沟通，尤其在形势不明朗的阶段，若能投入更多时间，会碰到很多惊喜。

二、优化选房策略

1. 把握入市买房的最佳时机节点

无论新房还是二手房，时机选择都是最重要的，最好是把握房价上涨前的时机，如果市场已经步入过热区间就等待价格回调后的楼市淡季再入市。

楼市波动有中长期的周期规律，而在每一年度中一般也有小周期存在。由于各类楼市调控政策出台，会使楼市在一段时期内进入僵持阶段，购房者如果反周期而行，则有可能会获得意想不到的收获。

此外在一年之中，市场也会出现规律性的波动。一方面跟气候因素有关，如每年11月到次年1月，北方天寒地冻，南方天气湿冷，市面上看房的人很少，卖家如果急着卖房，必然要把价格放低。每年7月和8月，南方酷热多雨，顶着烈日看房的人也相对少些。买房人数减少，竞争少些，就有足够时间可以选择对比，并更好地砍价。

另一方面与开发企业回款及公布数据时间有关，每年6月底和12月底，各房地产开发企业，尤其是上市房企都要回款结账，并发布销售业绩及资金情况；此外年底要发工资过年，还要还债，资金都会很紧张，这时开发企业会以更大

的力度去促销，见到购房者就像见了上帝一般，这时买房，大概率可以买到价格相对低的房子。

大部分人都是房价越涨越买，这样不仅难以买到可心的房子，还可能会高位接盘。而淡季房源充足，房价松动，具有一定的议价空间，同时开发企业也会推出更多优惠措施，此时买房反而更加实惠。一般淡季房价处于市场底部，购房者具有较大的选择余地，无须为了抢购而排队，可以耐心选择、多方比较。

2. 优先考虑新房

目前在很多大城市新房被限价，价格往往被压低 10%~20%，有的更多，这是不错的机会。

此外，首套新房的首付一般是 30%，而二手房的首付比例要依据银行的评估价格，一般最多能贷 50% 左右，而新房可以贷出更多资金，降低首付的压力。

新房涉及的交易费用较少，主要有契税和专项维修基金；二手房涉及的交易费用有契税、个人所得税、增值税和中介费用等，交易成本更高。

总之，购买新房时也可以通过以下策略来实现省钱。

①开盘前的折扣，开发企业会在前期登记买家，提供一定幅度的优惠价格。
②尾盘楼房价格相对实惠，项目进入清盘销售阶段，此时的价格比较实惠。
③由已购房屋业主介绍，得到老业主介绍新业主的优惠。
④开发企业会和相关单位举行团购的优惠活动，可以考虑加入享受福利。

楼市的淡季、开发企业卖房前期和收尾时，以及市场处于下行阶段等时间都会出现房价明显优惠，我们通过专业的眼光去发现这些相对较好的机会，适时出手买房而不是简单地追求便宜。

3. 注意二手房的买入与议价策略

二手房和新房的省钱方法有所不同。一般购买新房主要是跟开发企业要优惠，而二手房是跟卖方砍价，所以二手房的议价空间更大，毕竟大家的信息是不对称的，在这种情况下，你要全面掌握信息，找准房屋缺点以便进行砍价。如果业主着急用钱而卖房，或者已经签订了新的购房合同，着急把老房子卖掉，二手房的议价空间就会大很多。同样的房子，可能低于市场价的 10%，甚至更多，这样才能更快地把房子卖掉。此外全款买房，卖方资金回收快，对于急需用钱的业主，全款买房议价空间更大。当然买新房时全款也有一定幅度的优惠。

在一个城市中被低估的房子很常见，样样都好且价格便宜的房子并不多见，而房子如果带一点瑕疵的，很多人就会望而却步，比如说房间内装修较差，价格往往就会被压低；还有房龄相对较老，容易被诟病。只要不是大问题，其实都是不错的机会。

房源情况不同，在税费方面有较大差距。两年之内非普通住宅的税费最高；而满五唯一的普通住宅税费最低，"满五唯一"是指房子是卖房家庭的唯一普通住宅，而且取得产权时间满五年，这种房屋交易时可减免契税及个税。当然这些费用不一定全让买方承担，但是必然会影响到交易的价格。

关于税费减免，各地标准与操作方法并不一样，最好事先与有经验的中介做好沟通，让他们帮助做好精算。

4. 通过优选房贷省钱

首房首贷非常珍贵，一定要用好。此外买房时尽量都使用公积金贷款，享受低利率。无论是新房还是二手房，买房时，尽量使用公积金贷款，近几年公积金贷款利率 5 年以上是 3.25%，而商业贷款 5 年以上是 4.90%。

等额本息与等额本金还款方式的差别是，同等条件下，等额本息比等额本金还款总额更多，可以根据家庭经济状况及收支预期做以选择。

第五章　选房妙招篇

——聪明购房小窍门

【智慧选房心法】实践是检验真理的标准

第一节　买对人生中的第一套房

一、以发展的眼光做好规划

第一套房要以解决当前的居住问题为核心，先要搞清楚自己的需求、偏好，以及经济条件，然后再对号入座，实现安居乐业。选房和相亲一样，没有最好，只有更合适。

第一套房的规划要有发展眼光。如果是作为婚房，并且打算未来三五年要孩子，就得考虑日后孩子上学的问题。新房周边有没有好学校是选房时优先考虑的问题，一步到位总要比日后换房搬家更好。

第一套房通常是我们将来换房的跳板，选好了潜力股，未来改善升级时，才能有更充足的资金和更大的选择机会。只有做好规划，全面利弊权衡，才会少走弯路，选对称心如意的居所。

二、做好区位选择

买第一套房大都是年轻上班族，一般来说优先考虑"低总价、工作周边区域"的住房。而城市中心区二手房相对成熟，价格高，房产升值空间相对有限。

如何兼顾宜居与升值呢？如果你每天都要加班很晚，就尽可能选择临近公司的房子，这样可以降低时间成本；如果时间相对宽裕，买邻近市区的房子，这样可以为将来买大一点的房子打下基础。

在选房时应尽量选择方便夫妻双方上班的地点，如果不能兼顾，至少在一方上班的地点附近买房。也可以将家庭成员的生活半径画个圆，在共同区域，临近轨道交通或交通便利且宜居的地方就是买房的最佳地点。无论结婚与否，在有地铁的城市，临近地铁都是优先选项，这样即使居住地到上班地的距离远些，实际交通时间却会更短。

三、把握好时机

有的人提出不必观望，刚需有钱就买，随时都是上车的好时机，而事实并

非如此。我们还是要参考市场行情走势，通过比较算好经济账。如果房价在一段时间内还有较大上升空间，那么当前买房应该说是不错的选择，如果房价已达到阶段性高位，后市风险加大，走向不明，租房可以给你进一步观察市场的充足时间。

很多人都是在楼市出现过热的阶段跟进抢房，这样时间紧张，很难买到满意的好房子，而且还可能高位接盘，为何不等房价回调一些之后再买呢？在过热阶段房贷收紧，利率大幅提升，首套房的购房成本也会随之提高约10%~20%，若再加后续上房价回调，总计相差有时可达房价的3成左右。因此不是越早买房越好，调控政策对第一套房也有影响，还是要把握好时间节点，避免不必要的损失。

人们通常都是买涨不买跌，其实在房价上涨初期、回落后期以及市场平稳阶段才是相对好的时机，这时你有足够的时间去看房选房，除价格之外，还有更多房源可供选择。

2020年在一二线城市考虑购置第一套房是不错的买入时机，伴随都市圈规划落地，新一轮城市升级已经启动，各地为了吸引人才也推出了一系列优惠政策，这也许是很多新移民最好的入场机会了。

四、房产类型与性能的选择

对于第一套房的购房者而言，可能没有充裕资金参与大城市中心区商品房的竞争，不过政府为夹心层定制了居住解决方案，即便在北上广深这样的大都市，也有价格相对便宜的共有产权房、限竞房或经适房，以及人才安居房等可供选择，大城市周边的商品房相对便宜些，因而要做好权衡，把握第一套房享有的政策红利。

有些人第一次买房没有经验，很容易被销售人员忽悠买商住房，毕竟这些房子也能解决基本居住问题，而且更便宜，还贷压力小，殊不知这样往往为日后的遗憾埋下了伏笔。

这种房一般不能落户口，很难享受住房背后的教育、医疗等社会福利，此外房产价格一般涨得很慢，眼看旁边的住宅价格涨上去了，它就趴在那里不涨。

选房的时候，完全符合心意的好房子是可遇而不可求的。地段、品质、配套、户型、面积、价格等，根据需要有所取舍，不要苛求完美的房子。把握关键，首先是实用和方便。一般来说，买第一套房时自有资金少，抗风险能力较弱，重视房价，面积小、首付少、总价低的楼房更适合。

从发展和投资角度来看，在总价相差不太大的情况下，能买三居室就尽量不买一居室或小两居的小房子，以免后续换房麻烦，避免出现短短几年内因为家庭人口增加而换房的烦恼，当然前提是量力而为，不要背负过大的房贷压力。

选择新房和二手房的问题。同等条件下，新房往往户型更合理、居住舒适性较高、未来投资回报率相对较高，更适合作为第一套房。一般来说，大城市的城郊接合部、地铁或交通干道沿线、新盘或次新盘 90~110m² 的两房或三房值得优先考虑。

五、优化贷款的选择

对于第一套房的购房者，珍惜"首套贷"资格。怎么样用最少的钱选到最适合的房子，将有限预算实现最大化，这才是关键所在。

从投资角度看，在有还款能力的条件下能多贷一些为好。如果有住房公积金，能用多少就尽量用多少，公积金优先于商业贷，毕竟它比商业贷款优惠不少。

最后还要特别注意防范风险，房屋交易涉及金额巨大，初次买房前有必要对房产常识及交易流程有基本了解，遇到不懂的要及时咨询一些专业的房产经纪人，也可以考虑请买过多套房、经验丰富的亲戚或朋友当顾问。

第二节 购置学区房应注意的问题

学区房是现行教育体制下资源分配博弈的产物，优质的教育资源对于一些家庭的吸引力可想而知，为了能让孩子们赢在起跑线，购置学区房已成为大部分家庭都要面对的必修课，家长们不惜花重金买下学票。

学区房市场升温由来已久，通过以往的案例分析，不难发现购买学区房时存在着各类问题，值得特别注意。

一、学区资格与政策问题

买了房并不一定就能入学。有些楼盘或住区虽然与名校仅一墙之隔，但并不意味着就有资格进入该学校就读。受生源人数影响，有些学校每年招生区域会适当进行调整，或定期按教育部门安排重新划分学区，因此学区房也并非"铁

饭碗"，建议购房者多登录各区教育系统网站，查询了解目标学校具体的学区范围，或加入一些相关社群，实时留意各个学校的学区变动情况。

近年来北京相继出台入学新政，提出将稳妥推进单校划片和多校划片相结合的入学方式，摇号入学，在一个小片区中统筹两所及以上的学位资源，通过摇号方式分配学位。

多校划片带来诸多不确定性，同样一套学区房，有可能分配到名校，也有可能分配到普通学校，买房时要注意学区房对口小区的变化。入学风险的存在，自然会降低房子的教育溢价。而对于优质教育资源集中的中心城区，无论如何多校划片，都无法改变学区房高教育溢价的现状，因而价格依旧会显著高于其他区域。

北京对学生户口转入时间做出了限制，如新招收的生源户口迁入时间要求提前6年，上海是5年，所以买房时务必要关注上一家的户口本，一定要问清楚是否用过名额。

产权过户与户口迁移有时间差，户口的迁出和迁入有前后关系，原有户口全部迁出之后才能办理新的户口迁入手续。由于我国户籍制度复杂，常会出现卖方因各种原因难以按期将户口全部迁出，对此购买二手学区房时，双方应事先约定明确时间及违约责任。

影响学区房的政策除了多校划片还有租售同权。2017年广州市提出租售同权后全国多个城市跟进。所谓租售同权，是指无论租房或买房，都能享受到同等的受教育权利，这在一定程度上能够破解学位房依赖。

而从实践情况来看，租购同权尚未真正落地。在绝大部分城市，学区房仍是就近入学的第一决定因素。有户籍有学区房的，优先享受对口小学派位；有户籍无学区房的，只能最后接受区域统筹；而租房的，则只能通过积分入学，也就是说户籍和房产仍是首要衡量因素。

有些有小学、中学配套的楼盘，开发商一般会与学校达成短期协议，花钱购买一定数量的入读指标，购买者只有在房子开盘或促销重要节点时购买才能享受到入读名校的资格，或者可能有指标使用年限，购买时要详细咨询售楼员，了解清楚。同时也要注意学校是直营还是挂牌加盟，深入了解师资情况，尤其是学校的口碑，确保教学水平货真价实。

无论北京入学新政还是广州的租售同权都代表了教育改革的方向，其他城市也会逐步推进，在买学区房时必须清楚政策的变化。此外，选购学区房时要将眼光放得长远一些，尽量选择小学、中学能够兼顾的学区房。

二、价格及购买时间节点

在一二线城市，拥有著名中小学配套的学区房价格一般比周边同等住房高出 20% 以上，有的甚至高出 50%。对于一般工薪阶层来说，购买学区房是一笔不小开支，需要具备一定的经济实力，结合家庭实际情况，要量力而行，顶级的学区房价格太高，可以考虑二线学区房；优先考虑面积较小的学区房，即使单价偏高，总价也能承受，将来出租或者出售也都比较容易。

每年春季，都是学区房价格蠢蠢欲动之时，此外进入 9 月学区房也格外火热。每年随着毕业或开学的到来，学区房就会进入销售高峰期，这时价格也往往会水涨船高，因此选房时应提前准备，尽可能避过学区房"争抢季"。

三、学校是否适宜？

名牌学校是好，但未必与自己的孩子相匹配，名校都有独特的办学风格与特色，孩子也有自己的个性特点，没有最好，只有最合适，在择校时一定要注意孩子的个性特点和学校的风格是否相吻合，因材施教为宜，而不能仅以学校知名度论高低。

此外名校也并一定都是好师资，也可能有重点班和普通班的区别，重点班一般都是最好的老师，普通班的老师有可能不如一般学校的老师，因此与其找个好学校，不如找个好老师。

新建小区里的名校多为名校的分校，引入母校品牌、模式和校长，而教师队伍多为新招聘，能否延续母校的优良校风和高品质的教学质量，很值得商榷。

此外，大城市中一般有多种教育路径，如国际教育，双语教育，民办教育和公立教育，到底哪种更适合，不妨先论证清楚再说。

四、住房是否宜居？

很多人往往将学区房的"教育功能"排在第一，却忽视了是否宜居的问题。住房的建筑空间和周边的人文环境对孩子身心健康成长影响很大，要到现场认真考察。如果几年之内跟孩子居住在这里的，房屋品质不过关，必然会影响到日后居住的舒适度。此外还要考虑居住环境是否嘈杂，小区居民整体素质和人文环境，

尽量为孩子选择一个良好的学习和成长环境；有些学区房是二三十年以上的老房子，可能存在着各类安全隐患，购买或租住这样的房子一定要注意仔细考察。

总之，学区房很复杂，选房时一定要理性，首先了解清楚是否能入学，自住要考察住房是否宜居。教育发展的方向一定趋向公平化，从长远看学区房的价值会伴随教育政策转变而减弱，因此纯投资宜慎重。

第三节 改善型购房的圆满升级

随着家庭结构和人口的变化，以及收入水平和居住标准的提升，如今改善型需求日渐成为主流。改善型购房者由生存需求向舒适需求转变，需要改变的不只是房子的大小，居住环境、品质和功能等方面，以及房子背后的整个生活体系，包括生活方式、生活形态、生活场景等。

近两年的调控政策中采取了限购、二套房贷比例提高等措施，对于改善型购房产生了不利的影响，导致很多家庭不得不延迟改善计划，如今市场又重新步入平稳状态，楼市政策也有所松绑，部分家庭开始陆续入市，那么如何顺利实现改善型购房圆满升级呢？

一、界定核心改善需求

首先，要认清家庭所处的改善阶段，并界定核心改善需求。先是预测未来几年家庭结构的变化，一般要预估3~5年后家庭成员的增减，要按自己生活节奏的变化来判断从小换大的需求，决定换房的户型和面积。

然后预估买房能力，估算实际购买能力，结合市场行情，确定所要购买房屋的区域与价位。

做好了准备，定好目标，还要积累并准备好购房首付，如果筹钱也要提前安排好。

同时关注楼市行情，选准购房时机，快速行动。有些家庭要先卖旧才能有资格或资金买新，这就要把握好时机节点。购买改善型住房后，短期内一般不会再次换房，因此要尽量做到一步到位，满足5~10年家庭生活需求。

确定房子的套型和面积范围。一般来说，首次改善多以90~140m² 为主，年龄通常在 30~40 岁；140~180m² 属于二次或三次改善，年龄通常在 45 岁以上；200m² 以上则属于终极改善。

对于首次改善型家庭，一般主要考虑的是面积增大和房间数量的增多，以此来满足包括老人和孩子在内所有家庭成员的居住需求。

二次或三次改善型家庭通常追求更高的生活品质，更注重地段、套型、配套、环境的均好性。在满足了基本需求基础上，要求更大的面积、更完善的居住空间、更优美的人居环境、更齐备的城市公共配套服务，对于每一个环节和细节都有着较高标准和要求。

二、按需选房对号入座

由于要改善原因的不同，因而购房需求的侧重点不同，改善的核心方向也不同。

总体而言，改善型购房的原因一般可以分为三种：

第一种是家庭人口的增加或孩子年龄的增加，原有住房面积已经无法满足家庭人口的正常居住，需要一套房间更多、面积更大的房子。

这种其实也算刚需，以空间尺度提升为主。不过也并非是简单地增加，有一个说法是"不做刚需的放大版"，这很有道理，空间要跟随家庭成长以及时代发展而变，不仅仅是房、厅、卫的数量和面积的增加，而是必须要满足更高品质的生活需求，适度超前。

第二种是收入水平提高。追求更高的生活质量，对现有住房不满意，需要一套楼型、户型、环境、服务等方面更符合自己品味的房子。每个家庭的偏好不同，需要具体分析。

这种改善注重房产与住区的舒适度、宜居度，要确保生活品质的提升，而且至少 5~10 年不落伍。选择时则要侧重于楼型、户型、住区的规划、环境、物业服务等方面的对比分析。

住房户型每隔 5 年左右就会出现一次升级换代，新房的户型更符合当下的潮流与居住习惯。在户型选择上，房间的大小、功能分区是否合理，采光、通风等因素都直接关系到居住的舒适度。不同的家庭有不同的生活习惯，选择适合你的户型非常重要。

什么样的住区更舒适、更宜居呢？一般来说就是两个关键词：生态和低密。

健康、身心舒畅的生态环境，不仅包括内环境，还有住区的景观环境设计，以及区域的自然生态大环境。

其次是低密度，如独栋别墅、联排别墅、叠拼别墅、合院产品、花园洋房等都是改善型住房的主要形态。各种住区生活形态不同，即便同一品类，设计水平及宜居度也大不相同，这要通过实地参观多对比，才能做出最适合的选择。

一般来说，居住环境分为两种：硬环境和软环境。所谓硬环境就是主要包括楼型、户型、建筑品质、小区规划与景观环境等；软环境则是住区居民的人文素质、物业服务等。

人文素质决定生活品质，孟母三迁，可见择邻而居的重要性。物以类聚人以群分，换房的同时也伴随着居住人群的变化，因此买房前有必要仔细考察了解新住区居民的构成。居民素质，邻里之间志趣相同才能创造出和谐的居住氛围，也让居住者感到舒心自在。

此外，居住的安全感、舒适感、私密性、尊崇感都与物业服务的好坏直接挂钩，好的物业应该有专业的服务人员、先进的物业管理理念、丰富多样的服务项目，以及较强的应急处理能力。

第三种是考虑到子女择校或父母养老等，对周边配套设施有了更高或者说特殊的要求。子女择校往往成为选房时的首要标准，如果家里有老人，那么住区周边最好有大型医院，一旦发生病情可及时救医。此外，住区周边交通是否便利，日常生活购物是否有大型商场和社区底商，这同样是品质提升的需要。

可以说，住区的配套设施包括交通、商业、教育、医疗、公园等，从生活的角度出发，配套缺一不可，越便捷、越成熟完善越好。

第四节　换房如何实现卖房与买房无缝衔接？

一、换房要提前做好准备

一般来说，换房有两种方式，先卖房后买房，或者先买房后卖房。到底先买还是先卖，这是大家均面临的棘手问题。上一轮房价大涨之后，大城市家庭购买力明显下滑，能买得起城区住房的大都是以旧换新，通过一步步升级来实现改善居住品质的梦想。

北上广深中心城区的商品住房一般都要五六百万元以上，对于大部分家庭而言不可能有这么多存款再买新房，因而一买一换的交易方式已经成为主流，这个趋势正在逐渐由一线城市向二线城市渗透。在严格限购的城市，非本地户口只有一套房的资格，如果换房就必须先卖房，接着租房，再买新房，需要一年半载。

换房，看似简单，其实操作起来并不容易，让很多已经选定了目标房产的家庭迟迟难以行动，其中政策以及市场变化的不确定性也是重要原因。

考虑政策因素。有些人在政策出台后发现没有资格了，或者首付由5成提高至8成，手头的资金根本不够，如果毁约则要赔偿几十万元，很被动，因此换房前一定要分析把握好政策节拍，以免被误伤。

无缝衔接卖房和买房，需要把握好时间节点。如果你看好了要买的房子，而老房子却卖不掉，也有的等了9个月老房子的按揭贷款才到手，而之前看好的房子早被人买走了；或者卖房后几个月房价出现大幅上涨，一不留神就会有很大损失。

二、把握好时机与时间差

1. 选择换房的最佳时机

低买高卖自然是最佳策略，而事实上，各大城市二手房成交周期越来越长，楼市受短期政策影响，低买高卖空间的不确定性无法预估。

比如说北京，如果2017年3月高位卖出，到2018年初房价已回落两成左右，一套普通商品房价格也相差过百万元，这时再买入无疑是划算的，然而精准逃顶以及抄底毕竟是极少数，这也是大家要及早做好规划的原因所在。

一般来说，市场上行区间先卖房后买房往往很吃亏。赶上房价启动前卖了旧房，几个月后房价就大涨，再等半年银行放贷，这时新房的价格也可能涨了一倍，有时相比差了一套房子的钱。比如在北京和上海，有的人2015年底卖房，2016年5月再买入，在该买房的时候却把房子卖了，又去高位接盘，损失就很大。

当市场处于回落区间？早卖应该比晚卖强吧，而事实上楼市回落前半段成交量极低，根本就卖不出，这时卖家比买家还多，你会面临激烈竞争，除非降两三成一步到位才有可能早点卖出，因此这个时间段也不太适合换房。

在房价快速上涨与回落区间之外，其他大部分时间是处于相对平稳的阶段，

这时最适宜换房。即便买卖过程中吃点亏，也比涨落过程中要少得多。

选准区域内的最佳时机也同样重要。不同城市与区域的涨落周期是不一致的，比如深圳和上海房价上涨领先二线城市一年左右，二线城市又领先三四线城市一年左右，即便一个大城市内的不同区域与板块，房价上涨或回落也可能相差一年以上。

掌握区域轮动的规律，这个只要你注意观察相对容易掌握。当所在区域处于阶段性高位时卖出，在目标房产的区域处于阶段性低位时买入，这是换房的最佳时机。如果不懂这个规律，只看城市整体行情，就有可能低卖高买，造成几十万乃至百余万元的损失，值得特别注意。

2. 合理定价

房产买卖的关键是信息差，当你比别人获取更多的市场信息，就占有优势。你可以先去附近几家房产中介店里询价，对比同小区相似房产的价格，由此估算出自家房子的价格范围。还可以通过所在城市的住建委（局）或在房价网站中查询片区成交价格，综合得出三个价格：

（1）合理卖价，也就是根据之前对比分析预估出的相对合适的价位。

（2）市场报价，这个可比合理卖价高 5%~10%，它是用来还价的，毕竟砍价是常态，留点议价空间，让买家占些便宜，这样大家心里都舒服。买卖双方都想让自己的利益最大化，这是人之常情，买二手房也要懂得这个道理。

（3）心理底价，也就是最低价，低了绝对不卖。

3. 买房卖房之间的时间差

一般来说，选新房和卖房子要同步进行，先卖后买都会有几个月乃至近一年的时间差，最好在挂牌卖房同时就把要买房的地段、楼型和总价等规划好，有时间就去看看房，确定好目标楼盘，估量房源数量，初步确定适合的房子。

合理安排过渡时期的住房也很重要，完美的房源并不那么容易寻找，要给自己留好退路。

卖房时优先考虑能快速回款的。当有多个买家时，一定要优先考虑能付全款的，这样回款快，省去你的置换时间，中间的时间差就是成本。

把握好关键时间节点，尤其是银行按揭放款和交房时间，每一个时间点都要盯好。卖房与买房同步进行时，在签署买房协议时要留出一定余地，不一定哪个环节就会出现一些问题，因而会延迟付款时间。

第五节　未来养老床位和墓地会比住房更稀缺

一、养老产业正在成为朝阳行业

十年前，有人说等攒够钱再买房吧，而工资增长的速度却始终赶不上房价上涨的速度，结果一念之差失去了最佳购房时间。而今也有人说，等我退休了再考虑养老问题吧，等到那一天很可能同样会悔之晚矣。买房和养老都是人生大事，宜未雨绸缪。

自2009年开始，我国进入老龄化社会，60岁以上老龄人口已经超过两亿人，以后二十年还会加速增多，而养老金缺口将是天文数字。据统计，北京户籍的60岁以上老年人已超过300万，而且这个数字每天都在增加。

前些年幼儿园成为稀缺资源，而十年后优质的养老床位和墓地必将成为新的稀缺资源，需求热度将不亚于当年的房产，其价格自然会水涨船高，过去十余年很多地方墓地价格涨幅实际上超过住宅的涨幅，今后还会更高，这是社会现实，与其抱怨不如早做打算。

伴随老龄化的趋势越来越明显，养老产业正在成为朝阳行业，房企、医院、保险机构等纷纷进军养老产业，各家的优势与侧重点大不同，适宜的人群自然不同，目前阶段大都在探索，以售为主，面临营销难等诸多问题，还没有形成成熟的市场化运作模式，风险可想而知，面对五花八门的产品和层出不穷的服务理念，如何做出选择？若选错了晚年幸福生活恐难以保障。

二、顺应生命周期做出最佳选择

在此提出以下几点建议供中老年人参考。

（1）从全生命周期做好规划，养老规划不能等到退休时再做，而是在人生鼎盛阶段即50岁左右开始考虑和准备，这时经济条件好，周转能力强，综合家庭财产累积和通胀等因素来考量居家养老还是入院养老，是否需要提前购置养老房产，根据家庭具体情况提前做好规划。

（2）在生命周期不同阶段做出最适宜的选择。如55~70岁身体健康情况较好，可以优先考虑旅居生活，到海南、广西、云南、山东等自然环境优美的地

方生活，而70岁以上或身体情况不太好的，则要优先考虑医疗配套条件好的居住环境。旅居生活以居为主，最好不要购置闲置及难以增值的房产，如果有也要及早处理掉。

（3）各种养老模式都离不开房产，居家养老、全龄化社区养老、以房抵押养老、售房入院养老、售后返租养老、反向抵押购房养老、租房入院养老、异地旅居养老、家庭协议房产交换养老等等，要提前对上面各种模式及其他创新模式的优劣、风险及适宜程度有一定的研判。

（4）养老的物质保障离不开房产，养老型房产属于功能型产品，目前很多养老地产项目都是开发商以养老为噱头转型而来，配套服务难以达标，可谓鱼目混珠。况且养老地产运作模式与房地产短期开发模式大不同，很多项目靠卖房，而后期养老服务跟不上，难以满足养老的需求，国外成熟的养老住区主要盈利模式来自于服务，相比国内依然有差距，不过这是发展趋势。

（5）养老地产选址标准高，对居住生态环境及规划设计标准要求高，对配套设施与服务的要求也高。普通住区运营以物业服务为主，而养老住区为老人提供全方位服务，两者有着本质的区别，因此在选择养老房产时不能用传统买房的方式，不但要看硬件设施，更要看服务配套和运营能力。此外不宜追求高大上，而要注重细节及匹配度。

总之，在不同发展阶段，人口与家庭结构及富裕程度都在不断变化，由此社会需求的热点也随之改变，如今人口结构正在悄然发生变化，老龄化社会中养老、康养和旅游等需求旺盛，而供给滞后或不匹配的状况会对一部分老年人的生活带来不良影响。

鉴于此，中老年人早些了解养老产业发展趋势，早做准备，毕竟这关系到每个人的切身利益和晚年生活品质。

第六节　避免海景房成为"死资产"

一、海景房风景与风险并存

"我有一所房子，面朝大海，春暖花开"，海子的这句经典诗句让人产生对大海的向往，远离雾霾，在海边安一个家，如今已经成为很多北方人的居住梦想。

对大海的向往是人之常情。冬季避寒防霾，夏季避暑防臭氧，养老度假、健康养生，享受高品质生活、调养身心健康，因此可以说海景类房产无疑是一部分中产家庭的刚需。

一些老人，他们冬天住在三亚，夏天住在秦皇岛，过着惬意的候鸟生活，令人羡慕。然而工薪族能够出游的长假不外乎春节和国庆节，再加上年假，一年也不过20天左右。因此购买海景房不仅要有钱，还要有闲！

每年入夏后，在一些大城市的马路上，行人不时接到海景房的宣传彩页，"首付3万起、拎包入住、周末看房＋免费旅游""10万元在海边安个家""既可投资，又可养老"，朋友圈里类似广告也越来越多，不仅有文字，还配以精美的图片，有的是朝阳下的大海明澈湛蓝，有的是夕阳下的大海落日熔金，各类宣传推广随处可见。

看了海景房广告难免有点心动。如今各地限购，手里有点闲钱，放着贬值，憋得难受，不过在海景房一片风光的背后，却潜藏着大量的风险。

海景房一般以养老、度假、投资为主。内地人认为生活在大海边会有别样的新鲜与满足感，但海景房景色固然很美，除旺季外，平日人烟稀少，周边各种生活配套设施不足，造成生活不便，公交车和出租车较少，出行也不便。

住在海景房中的外地人，与当地人有文化上的隔阂与冲突，难免出现一些问题。此外，到了冬天，北方地区的海景房入住率很低，无法集体供暖，房间内很冷，根本不适合居住，这些都是很现实的问题。

近些年海景房的价格一路快速上升，一些位置好、环境优美、配套完善的海景房售价更是一路高歌猛进。由于过度开发以及投资比例过高，随着房价越来越高，房价的泡沫程度也越来越大。虽然海景房的价格与大城市的房价相对并不高，而当楼市政策收紧、市场步入下行区间，房价容易出现大幅回调，很多购房者将被高位套牢。

因而一提到海景房，总有人会伤心，很多购房者往往一时冲动，买完不久就后悔。

[案例5-1] 一位大姐曾在威海买了5套海景房，当时觉得风景好、便宜，回京后一直没去过，即使去住也用不了5套房，想转手又没人买。

[案例5-2] 2015年底有人咨询，想卖掉北京通州的房子，投资青岛一个

大型海景房楼盘，不住纯投资，理由是房价低，很多人都在排队抢。通州的房价隔年即翻倍，而那个海景房抢完后即便升值也往往有价无市。

2015年年底，十余人咨询海南某大型海景房楼盘是否可以投资？很多人都被其宏大的规划和广告宣传所吸引，而规划越宏大，往往离现实越遥远。

相比之下，清醒的人都会明白该选哪个，而生活中，人们往往被各种诱惑冲昏了头脑。

二、海景房为何易成为"死资产"？

海景房若购置不当就可能会成为"死资产"。

（1）具有很强的季节性。海景房大都属于休闲度假房，宜居与否与季节有关，不适合长期居住，因此休闲度假的人群占大多数，常住者比例较低，这也是国内一线海景房的空置率达八成的重要原因。

（2）使用率不高。一线海景房其小区运营成本仍然存在，尤其高层建筑电梯费用和北方取暖费用不容忽视。若物业费拖欠严重，则难以正常运转。同时社区和周边商业难以持续运营，由此形成恶性循环。

（3）有价无市。海景房买到手后，不管以后升值多少，你会发现很难卖出去，而新房供应源源不断，因此更难卖出理想的价格。这也是东戴河和威海等地近年出现海景房价格大幅下降的重要原因。

因此选择去投资海景房，这个决定本身就是错误，投资海景房的风险远大于投资城市住宅产品，越是看似美好的，往往风险越大。

三、可以考虑的三种海景房

如何购置海景房才不会成为"死资产"呢？以下三种情况可供参考：

（1）大中型城市中心区或城市发展区，可以同时满足本地居民居住生活的海景房。

（2）以旅游为主业的城市中，以休闲度假房定位，并由专业机构运营管理的海景房。

（3）社群型机构运营管理，某种意义上成为聚合的场所，可以持续运营的海景房。

这三种海景房无论使用率还是转手率都是相对较高的，而且转手也相对容易。

一线海景房环境潮湿，家装、电器腐蚀老化速度很快，建议慎重选择。海景房空置率与海的距离没有必然关系，而与城区距离密切相关，城区商业配套与医疗设施等齐备，更宜居。如果真要买海景房就到比较繁华的地区，离市区近的，或者入住率较高的地方买。当然这样的地区房价会高一些，但将来也好转手。

购海景房时要从休闲度假为主的角度出发，而不能以纯住宅的思维和标准来选择，否则就会成为"死资产。"

凡是以住宅为主或先盖住宅出售，不建或后建旅游设施及各项配套的都要慎重选择。先做服务配套，培养片区旅游资源，再做住宅开发建设的项目往往才是最佳的选择。

第七节 如何选择商住房与公寓？

一、商住房为何成为网红产品？

[案例5-3] 四年前买的一套精装修商住房，当时与旁边的商品住宅价格相差不大，Loft产品，相当于买一层送一层，当时想想还划算，于是就买了。四年来旁边商品住宅价格节节攀升，已经翻了一倍多，而商住房仍纹丝不动，等于买房的钱缩水了一半。

那么为什么会出现这种情况呢？

（1）商住房的用地性质是商业用地。购买商住房与住宅不同，①不能落户，孩子入学不能享受学区房待遇；②商住房一般都是商水商电，物业费也高于普通住宅，生活成本较高；③一般没有天然气，居家生活不方便；④没有大面积绿化，孩子和老人的活动空间很小。正由于有这些不足，因此房产价格较低，一般是没有购房资格的年轻人或投资者的选择。

（2）商住房一般地段好，可注册，可办公，因而备受一些小公司的青睐。商住房和写字楼相似，一般以租金收益为主，而凡是以租金收益为主的房产，其升值幅度都较慢。

（3）商住房再次出售税费高，买家相对较少，变现能力差。

既然如此,那为什么这种房产还普遍存在,并且一度成为网红产品呢?

从经济效益角度看,溢价高销售快,商业地块设计建造成居住产品出售最符合开发商的利益。由于商住房产品功能灵活,总价低,加上2017年北京商住房新政之前不限购,因此很受投资者追捧,可以说,商住房过热是开发商和投资者利益驱动的结果。

[案例 5-4] 曾有多位学友咨询是否去抢购北京近郊的商住房,而我一直不赞成,不建议高位接盘。当时商住房因为不限购而被疯抢,因而投资风险剧增。伴随严厉的调控政策出台,一年后市场全面降温,据报道,环比调控前一年跌幅达94.6%。从平均价格看,商办市场二手房价格均下调超过30%,部分二手商住房价格跌幅甚至超过40%。

其他城市并没有出台类似严厉的调控政策,有的城市反而在进行商改住,可见政策是我们买房与否的指挥棒。

二、商住房和公寓的区别

一般来说,商住两用房包含公寓,但并非所有的公寓都是商住两用房,公寓通常包括住宅式公寓、商业公寓和酒店式公寓三种。

住宅式公寓以居住为主,其面积和价格相对较高,大都采用酒店式管理,物业费也较高。位置一般都比较好,位于市中心核心商圈,周边拥有良好的商务环境和成熟的生活配套。

酒店式公寓,配置包括厨卫在内的综合套间,整个大厦提供酒店式的商务服务与物业管理服务。既可以像普通住宅一样用于自住,也可以交由大厦以酒店形式出租,获得投资回报。

商住两用房一般面积小、总价低,人员相对混乱,而住宅式公寓和酒店式公寓的档次相对较高,居住的人员也较少。

商住房和公寓产权年限大多为50年或40年,而普通住宅的产权为70年。

此外商住房和公寓首付最低需50%(北京必须为全款,而且需要购房资格),不能使用公积金贷款,商业贷款也只能贷10年;商住房和公寓大多为精装房,可以直接拎包入住,省去了装修的时间和精力。

住宅式公寓与住宅也有一些区别,从客户来看:公寓的客户群基本上都是有一定经济实力的人群。租客多为外企白领中高收入者,整体素质较高。从功能来看：公寓要在保证基本居住功能的基础上，更讲究舒适性，功能的完备性。

从服务来看：有酒店的感觉，具有私密性与专属感。

三、如何优选商住房和公寓？

如何选择商住房或公寓，可以从以下几方面着手：

（1）看地段。如果资金充裕，优先选择中心商务区高端写字楼集群和中高端住宅居住区，其周边写字楼和人群较密，后期容易出手，同时也能带来较高的租金收益与溢价空间。

如果资金不太充裕，只能选择小户型商住房。如果在城市近郊区，也要选择配套成熟的区域，尤其要临近地铁，这样才能确保出租率及租金水平。

（2）选择品牌开发商和良好口碑的物业公司。不同的开发商在规划设计与销售方面有很大差异，如果前期价格被透支，那么后续的收益回报就会大打折扣。

商住房大多是小户型，通常是两梯十户以上，人员不仅多且杂乱，安全性和私密性都无法得到很好的保障，因此物业管理就显得尤为重要，同时物业服务也决定着公寓的品质。

（3）计算租金回报率。商住房的租金回报率一般要能达到4%~5%，长期来看20年左右能回本，但承诺包租的须谨慎！

不管购买是自用还是投资，我们都要以投资的眼光来选择，对比房产资金的保值、增值和租金带来的回报收益。

（4）看当前的价位水平。价格比前期超跌的，可以买入。如今部分位置较好的商住房，价格已明显回调，从成本及收益率看，性价比大幅提升，且租金收益稳定，由于后续小户型供应受限，因而中长期向好，持有与投资价值在提高。

而很多城市在住宅产品被限购的情况下，商住房一直作为投资品，房价水涨船高，而且至今没有出现明显回调，那么购买这类商住房就要慎重。

总之，是否购买商住房或公寓，要根据具体情况而定，算好经济账。

第八节　无证难轻松的回迁房

南方周末曾刊载一篇《北京旺地回迁房骗局 150 余家庭一生积蓄被忽悠》

的文章,"为了冒名顶替买一间便宜的回迁房,150多户北京原住民家庭受骗,总案值七千余万元,受害者中已有6名因癌症、脑溢血和心脏病去世",北京电视台《法治进行时》节目也曾对此事进行了报道,这起事件无疑为购买回迁房的购房者敲响了警钟。

近些年很多城市在进行城中村改造或旧城改造,开发商在征地时会赔偿给回迁户大量的"回迁房"。和商品房相比,回迁房享受国家政策的优惠,价格相对低廉,一般回迁房的售价普遍低于商品房。回迁房在办理了房屋产权证书后可进行正常买卖,而购买未取得产权证书的回迁房则可能面临很大的风险。

此外,有些回迁补偿房屋的价格是由有关主管部门核定,并进行管理,在产权、转让、税金方面都有一定限制。鉴于回迁房的一些特殊性,购房者在购买时一定要慎重。

一些人认为回迁房是商品房,其实不然,如果拆迁的是商品房,回拆房自然应算做商品房,而如果拆迁的是集体土地上的房屋,那么回拆房的性质就不能算作商品房。购买回拆房前一定要查清房产的性质。

此外,商品房买卖是开发商和购房者签订《商品房买卖合同》,而拆迁安置房屋大都是拆迁单位和被拆迁人签订的拆迁补偿协议,购房人无法对产权证取得时间进行明确约定,即使做了约定,也不一定能如约办理,进而购房者权益难以保障。此外,如果回迁房因各种原因领不到房产证,也就无法向银行贷款。

在暂无房产证情况下,买卖双方经过协商,一般采用"公证赠予"的方式进行交易,这种做法无法办理预告登记,因此需要双方高度信任,否则一旦房价高涨,违约成本过低,卖方有可能将房屋出售给他人,或者卖方有意一房多卖,购房者则可能在出资后无法获得房屋产权。

鉴于此,购房者要对回迁房的真实性进行核实,要求卖方提供回迁协议及其身份证明,同时要注意确认该房屋是否还有共有人,是否已设定了抵押权等。

为了规避风险,购房者签订回迁房买卖协议时,一定要约定房产过户和交房的时间,要写明自取得房产证多少之日起办理房屋所有权的转移手续。同时,购房者可以采取分批付款的方式,避免一次性付款,先付一部分,并留有尾款,待房产证办理后再付余下的部分。

鉴于回迁房过户交易时可能会面临补交一些费用的情况,而且费用可能不少,如果出现这类未知的状况很容易引发纠纷,因此在协议中应明确各类房屋交易税费由哪方来承担。

第九节 海外房产投资应避免哪些坑？

一、卖房置换错失时机

2014年国内曾出现一波卖房移民潮，当时楼市步入回落周期，房价回调，不动产登记、房地产税、官员房产登记等负面消息不绝于耳，一些财经人士长期看空房地产，也纷纷卖掉国内房产置换海外房产，结果事与愿违。

欧美国家房地产市场发展已有近百年历史，比较成熟，而我国房地产发展时间较短，仍处于野蛮生长的阶段，相比之下投资机会更多。海外房产投资5~10年才会有较为明显的收益，一般平均回报率在5%~6%，这根本无法与国内近些年的房产投资收益相比。

单纯从投资角度看，海外房产在十年内都很难跑赢国内房产。很多人选择投资海外房产源于择居、移民、子女教育、养老或资产安全，可以说需求是多元化的。即使在资金充裕的情况下，置换房产也是有成本的，往往得不偿失，选不好还会付出代价。

［案例5-5］ 一学友找我咨询，后悔五年前举家移民时卖掉了北京的全部房产，两年后回京时发现房价翻倍，相比损失很大。

二、海外置业的六方面风险

海外房产投资的风险与机遇并存，尤其以下六方面风险值得重视。

1. 市场波动风险

国人海外房产投资最大的风险来自于市场剧烈波动。2007年全球金融危机爆发后，各国房价均大幅回落，美国房价总体回落幅度约三成，佛罗里达州回落幅度更达六成。2012年后美国楼市复苏，房价重回升势，已超过此前最高水平，但房价上涨预期已大不如前，可以说最佳投资时机稍纵即逝。

欧美国家皆有明显的经济周期波动，一般来说十年左右一轮回，从经济周期波动规律来看，大部分欧美国家房产投资最佳时机是在经济危机过后，房价大幅回调的情况下出现。而其他时段，只是存在着结构性机会。

目前我国尚未经历过一次完整的房地产周期波动，无论房企还是普通民众对此可以说毫无经验，难免有一些人会交学费。因此投资海外房产时，要对目标国家的经济发展趋势及房地产周期波动规律有基本了解，认真分析所在城市发展潜力及人口流入状况。

［案例5-6］ 2007年底接待迪拜一大型房企代表团，听说该国房价降幅达六成，我问他们如何应对？谁知回答却很轻松，我们公司已经历四轮经济周期波动，调整很正常，房地产市场周期波动有规律，提前最好准备就好了。

2. 政策政治风险

不仅国内有房地产调控政策，外国政府也会根据实际状况尤其民众反映随时做出调整，如限购、信贷、税收政策等。如澳大利亚就针对违规购房实施强拆豪宅，受害者中不乏华人。此外，政治风险如排外事件等往往事发突然，原因复杂，因此要关注国际形势变化，尽量抱团出海，提高维权能力。

3. 交易环节风险

有些跨国房产中介以低房价、置业可移民、永久产权、自由买卖等作为卖点，宣传时故意夸大其词，存在提供虚假或隐瞒真实信息，或夸大回报率、或未提示风险等情况。海外房价不高，交易成本并不低，有的房子价格明显偏低，就如同国内标注低底价，以此吸引购买者，而实际成交时加上维修成本等则价格可能翻倍。

面对五花八门的广告，被人为夸大的海外房产投资机会，难免有一批人会为此交学费买教训。各国经济状况、文化习俗与政策法律环境迥异，相比国内，海外置业更为复杂，如何选得好又能规避风险，这是每个海外置业者必须面对的。

此外还可能有质量与交房环节纠纷等，维权成本相对较高。因此要深入了解当地开发商的资历与信用，掌握楼盘的建设周期和付款方式，规避投资风险。选择中介代理公司时要特别谨慎，要优先选择营业年限长、规模大、信誉度高的中介。

在海外高端房展会中深入了解海外置业行情，通过与海外置业者交流，对比各国房产投资侧重点的不同，尤其区别择校、择居和投资的不同。

4. 运营阶段风险

国外普遍征收房产税，房产持有成本较高，物业增值速度却较慢，想卖还找不容易到买家，在很多地方想出租实际上也是很困难的。远隔重洋，如何维护管理也是个问题，租客素质、治安状况、业主责任等要有所考虑。

5. 税费成本风险

国外与房产有关的税费主要有房产税、契税、土地税、印花税以及增值税，还有维修费、律师费、保险费、管理费等，各国皆有针对非本国人的额外税费。因此要仔细研究各国的房产税费情况，衡量税费成本是否足以承担。

此外有的国家出售和继承房产，还要缴纳一笔不菲的所得税和遗产税，面临养房和高额税收的双重负担，对此要有心理准备。

6. 资金转移风险

此前个人海外置业资金主要通过组织亲戚朋友采取蚂蚁搬家的方式转移到海外账户，而今外汇管理趋于从严，资金快速流出已经引起重视，资金如何安全转移是个问题。

三、海外置业从核心需求出发

各国经济状况、文化习俗与政策法律环境迥异，相比国内，海外置业更为复杂。同时国际的流动资金也不少，且精明的投资者及投资机构众多，有好的投资机会人家也不会错过，房产投资背后必然面临着全球竞争，因此不要有过高的投资回报预期。

房产具有天然的投资属性，而投资不是万能的，海外置业还是要从核心需求出发，不可一味贪图便宜，否则一失手就会付出惨痛代价。其次海外择居与海外房产投资并非同一回事，移民、留学、投资、休闲与养老是国人海外置业的重要因素，需求不同在选择时的要点大不同，有必要明晰且区别对待。

在比较各国房产投资的优势与劣势的同时，要正视所存在的市场、政策、政治、汇率等方面的风险，事先做好功课，避免盲人摸象式置业，对于出现特殊情况或不可控因素，要有紧急处置的心理准备。即使在法制健全的国家，散户投资的风险依然较大。

第十节 一铺养三代还有可能吗？

过去十余年，商铺与商品房简直是冰火两重天。商品房价格涨了几倍，而

商铺价格上涨的空间却十分有限。时代变了，伴随互联网商业的兴起，一铺养三代已经不存在了，现实中还出现了一些"三代养一铺"的尴尬情形。那么如何提高投资商铺成功的概率呢？投资者可根据自己投资偏好与能力，风险承受能力及商铺特点来做出选择。

商铺投资是一个小众市场，在没有更好投资渠道的情况下，它依然是一种不可或缺的选择。近来由于住宅投资受到调控政策限制，商铺投资又开始活跃起来，而"商铺"还是"伤铺"都不一定，商铺投资比住宅投资更需要专业的眼光。

商铺一般可以分为：商业街商铺、农贸类商铺、专业市场商铺、社区商铺、交通型商铺、旅游型商铺、百货商场商铺、购物中心商铺、写字楼商铺、学校周边商铺等类型。

商铺物业投资要注意以下四点。

1. 区位及区域规划

城市发展规划对商铺的地段价值影响很大。一个地铁口的出现能使一条街的商铺兴旺，一座立交桥的架起也可能使商铺衰败。为此投资者要了解周边区域的相关规划，包括：城市商圈、居住区的设立、交通道路的改善、政府市政配套等。对城市商业的流向有清晰的判断，这样的投资才更有胜算，同时也会大大减少风险

投资者对商铺周边的环境要深入了解。首先选好的商圈，商圈的成熟度与繁荣度是重要的依据；其次选好的地段，人流量较大，居民消费力较高的地方，比如学校、医院、大型居住区、汽车站和火车站周边等，这样的商铺容易租出去，回报率也更高。

2. 发展商运营能力

商铺的持续运营、保值增值和后续风险很大程度上取决于发展商的运营管理能力，全国各地经营不善的商场或商铺比比皆是，因此选择专业的运营管理团队就显得尤为重要。

专业型商业地产开发企业拥有完善的开发流程、成熟的商业地产经营模式和思路，以及强大的优质资源整合能力，能最大限度地保障投资者的权益，这对商铺未来的持续运营是一种保障，能带来明显的附加价值。

部分开发企业以售后返租的形式吸引投资者购买产权商铺，有些人会觉得

有利可图，而事实上在过去十余年间，这种投资成功的案例并不多，主要是后期运营团队能力有限，无法完成年度返租收益的任务。

3. 建筑布局合理性

买住宅看室内空间布局及舒适度，买商铺同样如此。同样建筑面积的商铺使用空间往往相差很大，这与其建筑布局有关。可以说，商铺的使用率决定了消费人群的容量和人流量，从而影响经营效果。建筑布局直接影响着商铺的使用率及价值，理想的建筑结构为框架结构，且空间尺度适宜，这样便于内部布置、组合。

4. 实质性收益回报

投资商铺最重要的影响因素是租金收益。很多商业项目在出售产权商铺时号称高额年回报率，很多人经不住诱惑，购买后经营惨淡，成了死铺，知名连锁店纷纷撤出，小业主们商铺租不出去，由此纠纷不断发生。

总之，成功的商业项目具有的关键因素为：有效覆盖具有消费能力的人群、便捷的公共交通、环境舒适、主力商户的进驻、公共设施配套齐全如停车方便等。眼光敏锐的投资者善于从中看出商业的潜力及风险，从而有的放矢地做出选择。

第六章 风险防控篇

——避开买房路上的那些坑

【智慧选房心法】安全第一、防患未然

第一节 买房要注意的风险

买房时的风险五花八门，如房屋买卖中存在诸多信息陷阱，开发商或中介机构的宣传不实；房屋建筑质量不过关，造成买房后的不安全感；小区的配套设施不完备，给生活带来不便；楼房面积缩水、开发商"赠送"的面积违反国家相关规定留下后患；开发商延期交房、违约造成经济损失或不肯退房；买房后房价出现明显下降……

一、生态安全风险

安全第一，这在选房时同样适用，而且是优先选项。选房时一定要注意防范地震、水灾和火灾。往往只有在发生大地震、水灾或火灾等自然灾害之后人们才会意识到安全的重要性。

很多疾病与环境污染有关，空气、水、土壤、食物链、电磁辐射等污染无处不在，如果住宅邻近化工厂、高压线、变电站、燃气站、发射天线以及垃圾场，这些都会危及人的身心健康。

面对环境污染、生态恶化的现状，我们要优先选择健康生态的人居环境，告别要钱不要命的择居方式。

二、住房质量风险

从每年3·15的媒体报道来看，房屋质量问题在各种开发项目中都有出现。像北京已交付的几个商业项目均出现不同的质量问题，购房者叫苦不迭。其他城市也有同样问题，价格低的房子质量更低。据说某开发企业在各地建的楼盘7成以上都有问题，讨说法也得排队。

三、房产交易中的风险

购买的房产手续不齐全、导致多年后依然无法办理产权；开发商以种种理由拖延交房时间；住房面积明显缩水等，以上是期房交易过程中的问题。

案例："签订合同时，售楼小姐提出周末购房可以先优惠20000元，再给

予三天内交首付款的折扣为93%。但当我们三天去交首付款时，售楼小姐告诉我们那套房子只能优惠10000元，不然只能退款，后来我们同意退款，其却又说不能退款。"口头承诺无效，因此购房者要把有疑问的地方以及对方的承诺在合同中做出详细说明。

此外，在购买二手房时，购房者一定弄清房产的产权归属及抵押状况，对于归属不清楚或存在纠纷的房产慎重购买，如果不放心可以到房屋产权交易中心查档。

四、调控政策变化风险

我国房地产市场受政策影响很大，每一轮调控政策的出台，总会波及很多购房者。如近年来首付与按揭门槛的提高，进一步抬高了买房成本，限购政策更是让很多人失去买房机会。调控政策主要针对投资与投机型需求，但改善型需求与投资往往难以区分。

在限购政策下，有些人打起了钻空子买房的主意，如办假社保、假个税、假结婚、代购代持房产等现象层出不穷，这些曲线买房方式风险不可控，很可能人财两空。

调控政策常会在市场中抢购盛行的时候出现，房地产调控会影响一段时期内房价的走势，调控前后房价波动幅度可能会在20%以上。购房者要注意宏观政策导向，明晰房地产市场的走向。

五、市场波动风险

一般房地产发展进入繁荣阶段后会累积大量房地产泡沫和金融风险，而当房地产市场从繁荣阶段进入萧条阶段时，"热钱"会大量流出，房价会大幅下降，市场交易冷清，即便有很大的议价空间，但仍会出现无人问价的局面。

应对周期波动的风险，购房者要关注经济发展的形势和房地产市场的走势，同时对房地产周期的常识有一定的认识，尽量不要在房地产持续出现过热、投资需求比例过高的阶段买房。

现在商品房空置的现象非常普遍，很多房屋购买后数年都没有装修过，尤其在很多城市的近郊，入住率高于50%的住区并不多，有些住区甚至不超过10%，即便如此市场上仍呈现出供求紧张的局面，这无疑是一种假象。人们习惯于追涨杀跌，一旦市场剧烈波动，必然有大量房源被推向市场，当前很多城市已经出现二手房交易惨淡，甚至无人报价的局面。

近些年在一部分城市和区域过度建设，已经导致房屋阶段性供大于求，但由于房屋被投资者囤积，所以在房价不断上涨的状态下，供需仍难以平衡。当前在优先考虑抗跌风险的状况下，购房者除了看区域未来发展潜力外，还要特别注意区域内住房实际的供需状况，尤其是要考察空置率，空置率高于50%的区域应谨慎买房。

当房地产市场处于相对的低谷期，很多潜伏的问题都会暴露出来，如一些在建的楼盘会出现资金链断裂而难以如期交房，烂尾楼项目增多，甚至开发商携款潜逃的现象也时有发生，购房者要谨慎看待市场，格外注意买房风险，预先做好防范措施，对楼盘开发企业的资质、信誉、资金状况等给予更多关注，以最大限度地规避风险。

总之，购房者要做好周密的调研、客观的分析，了解相关的流程与案例，这样才能将购房风险降到最低，对于突发状况，购房者也要有一定的心理准备。

第二节　规避住房质量风险

墙体涂料脱落、墙面裂缝、外墙保温材料等质量问题普遍存在，用报纸、木屑、竹子等代替钢筋的现象也屡见不鲜，早些年"楼脆脆""楼裂裂"等现象更是引发民众的广泛关注，而精装修质量问题、设备中的细节问题等是纠纷的热点。

选房时在考量环境、地段、户型、配套等外在要素的基础上，应加强对建筑质量的考量，同时还要提高鉴别水平，无论在选房还是验房阶段都要擦亮双眼。面对常见的质量问题，每个买房者都要有心理准备。

常见的房屋质量问题有哪些呢？该如何鉴别并加以防范呢？

1. 漏水问题

屋顶漏水、楼地面漏水、上下水管道漏水、洁具漏水、墙面渗水等，约占质量问题70%以上。其中老房子屋顶漏水很常见，因此在选房时尽可能避免顶层，如果选择，最好在雨季时进行实地考察。

2. 结构问题

有些房屋建成不久就出现外墙涂料成片脱落，墙面裂缝、屋顶塌落等现象，这是可见的，不可见的隐患是建筑结构上出现问题，如用竹子代替钢筋、混凝土出现质量问题等，有些开发企业为了降低成本而在结构设计中降低标准。房屋建筑主体结构执行低标准，如果再加上施工时的误差，那结果就可想而知。

施工队伍参差不齐，偷工减料现象屡见不鲜，且监管不力，最终造成整体建筑质量偏低，留下大量隐患。

一般情况下，购房者很难在收房的时候看出房屋的主体结构有没有问题，最好的办法是看开发商、建筑商和监理公司的资质和口碑，查验相关验收手续，真正做到心中有数。

3. 房屋开裂

在看房时要看地面和墙上有无裂缝，看是什么样的裂缝，特别要看承重墙是否有裂缝。有些房屋通过装修等方式进行掩饰，因此看房时要细心。即便没有太大的危险，入住后也会造成心理影响。

4. 设备问题

设备问题一般包括各类管道、坐便器、洗浴设备、燃气设备、暖气设备等方面问题。现实中，用山寨卫浴冒充大品牌产品，防火设备缺失、电气设备失灵等问题时有发生，因此选择时注意这些设备质量是否精良、安装是否到位，是否为节能减排型产品。

5. 建材质量

近年来家居建材质量问题成为重灾区，无论地板、瓷砖、卫浴、橱柜，还是门类产品，质量问题均成为投诉热点。虚假宣传、低价位套餐、用杂牌漆替代品牌漆、防水材料不防水、壁纸有异味等，从结构材料、装饰材料到专用材料均可能出现问题，而很多问题只有专业人士通过检测才能发现，如果有可能，最好找专业机构做一次检查。

6. 房屋装修

精装标准约定不明、霸王合同、精装修不到位、家具板材质量不好、售后服务不健全等是投诉的热点。这些问题严重阻碍了精装房的发展，不过精装房是趋势，占比会越来越高，需要从源头规避这些问题。

在购买精装房时，买房者首先应仔细了解房屋总价中房款与装修款的具体比例，在与开发商签订买房合同时，不能光写精装修，最好签订一份详细的合同书或补充协议，对装修标准进行详细约定，包括装修材料的品牌、材质、保质期以及内部施工，像电路布线、上下水管等方面问题，都要具体落实在书面合同或协议中；如果时间充裕，购房者还可以考虑参与精装房的装修过程，或者通过第三方机构进行监督。

第三节 防范买房中的交易陷阱

一、常见的交易陷阱

1. 违规买房

[案例 6-1] 最近有一篇报道，原本计划买房安家的两名博士，因为听信中介所说的"可以花钱购买经济适用房名额"，分别拿出 23 万元请对方去"找关系"。等到经济适用房摇号名单公布时却傻了眼：根本没有他们的名字。他们想要回钱时，中介公司居然给出了"渠道方被抓进去了"的说法。两人买房为了结婚，如今不仅买房无望，服务费也难退，一直都不敢告知父母。

[案例 6-2] 还有一篇环京楼市的报道，与北京通州区仅一河之隔某大型楼盘一房难求，需要交高额定金才能买到，有人交了 37 万元定金，签合同时发现这 37 万元并没有包含在买房款内，几百名业主均有类似遭遇，1.6 亿元的"溢价款"不知所踪。

[案例 6-3] 某些区域内的楼盘大都由中介公司代理销售，有些人被忽悠补交三年社保买房，等到两年后发现中介公司已人去楼空，经纪人也联系不上了，出了问题也不知道该找谁。

每当房地产市场步入下行区间，很多以往潜伏的问题都会暴露出来。尽管房地产开发管理在逐步规范化，但仍有一些开发企业，以各种名义变相开发，违规进行预售，真相大白后人去楼空。

还有一些在建的楼盘出现资金链断裂而难以如期交房；送面积、住房面积明显缩水并不少见；购买的房子手续不齐全、导致多年后依然无法办理产权证；以及卖房时承诺的名校根本无法兑现等。

因此买房时要预先做好防范措施，对楼盘开发企业的资质、信誉、实力、资金状况等给予更多关注，对房产中介的口碑也要了解清楚。在看房及签订合同时要把有疑问的地方详细了解并要求做出说明。

二、规避交易中的六类风险

在买房过程中，要特别注意以下风险。

1. 不实宣传，炒作概念

例如近两年兴隆、唐山、沧州、易县等地楼盘宣传中有些也都高举环京牌。环京成了概念股，不过这些区域并不在首都圈主要的影响范围内，至少从未来三到五年来看，要考量交通时间成本等因素，环京价值区是相对有限的，相比北三县和中三县，更远的这些区域投资价值并不大，而且难以出手，买房时要注意风险与收益的匹配度。

临近雄安的楼盘炒作"雄安概念"，以目前进度看，至少5~8年都难以辐射周边区域，这些都属于不实的宣传推广，不可轻信。

2. 炒作高回报高收益

"一年翻一倍，三年翻两倍"，据说这是某炒房团的内部语录，他们的投资目标指向河北山区。事实上，在政策严控下，房价再出现大涨的概率几乎为零。不过还是有些人因迷信而上当，跟着去团购没有预售证的期房，结果出现期房烂尾，连买房本钱都难以收回。

3. 炒作低价房

开发企业掀起降价潮，出现的低价位，是周边住宅价格一半左右，于是吸引了不少投资者，据了解大幅降价的是商住房，而且要求一次性付款。

商住房是偏保值型产品，投资回报率明显低于住宅，之前不限购，因而限购趋紧时便会成为炙手可热的投资品，而投资后被套将是大概率。

4. 商铺保本返租

一些商铺广告中宣传投资年回报率超30%，而且保本返租，确实很吸引人。可惜那只是文字游戏，很多人都看不懂，其实细算不超过8%。

返租型商铺极少有达到预期回报率的案例，即便是大型开发企业的商业物业，运营中出现问题关门的也屡见不鲜，投资者损失惨重。

返租金的商业物业的特点是增值很慢，兑现每年8%左右的租金收益要靠运气，需要遇到专业的运营管理团队，因而大都属于有风险保本型资产。

我们不能光看宣传、广告有多么美好，要通过网络或其他途径，尽可能获取更多幕后的真实信息，一般各个楼盘都会有业主论坛或微信群，一些业主会发布楼盘的相关信息，还会有前期已经入住的业主反映某些不为人知的真相，这有助于购房者全面、客观掌握楼盘信息，规避买房风险。

5. 无法交房或延期交房的风险

近两年房地产信贷收紧，房企资金紧张，每一轮楼市下行调整过程中，楼盘烂尾或无法按期交房的情况都会明显增多，买房风险明显加大，购买时准现房或现房值得优先考虑。如果之后房价上涨明显，也不排除个别房企毁约加价，这时选对房企及项目就显得格外重要。

6. 二手房交易中的虚假信息

二手房交易过程中的买房陷阱更多，有的房产中介会通过宣传地段、商圈、学区房、优惠价格、促销、虚构房源等方式欺骗购房者，也有的业主一房二卖、转移房屋但不配合过户或者迟迟不肯转移户口等。

例如有些房产中介通过房产网站钓鱼，有的房源价格明显低于正常价格，令人心动，而当你打电话问询时，对方告诉你这套房子刚卖掉，信息还没来得及撤。不过小区里还有一套相似的房源，只是比这套贵一些，但楼层或位置更好，要不要过来看一看。

有些人认为这是不错的机会，于是按照约定时间过去了，这时对方又说，不好意思，又是刚刚卖掉。不过，又出来一套新的房源，比这一套价格又贵了一些，但保证比之前那套更好，要不要看一下？既然都来了，那就看看吧。

有些房产经纪人就这样虚报房源价格，先把客户骗过来，再找借口带看其他房源。还有的与房主串通，赚取差价，或者虚构假客户抬高价格。

网络中的信息鱼目混珠，因此要选对平台，并对网上的信息要有一定的鉴别能力，不可完全听信，有些重要的信息要尽可能进行对照核实。

此外二手房买卖过程中，产权问题特别多，不可盲目听信他人的介绍和承诺。买房时一定弄清房产的产权归属及抵押状况，对于归属不清楚或存在纠纷的房产慎重购买。

第四节　择居选房安全第一

一、选房时一定要有防震意识

购房者在选房时要有一定的防震意识，住房抗震能力与地质状况、楼型及建筑构造密切相关，挑选住房时可以关注避开地震断层带地区、选择高抗震性楼型与结构的房屋等方面。

1. 选房时要注意本区域地震断裂带的位置

我国至少有495个地震断裂带，部分城市内分布着很多的地震断层，从居住安全的角度看，购房应尽量远离地震断层带为好。强大的地震力可以说是无坚不摧，断层带上的房子难以幸免。历次地震中在地震断层上的房屋倒塌和人员伤亡都相对严重，如日本阪神大地震倒塌的房屋和遇难者有三成分布在一个狭长的地震断裂带上，如果房屋避开地震断层，就能有效地预防地震伤亡。

选房时首先了解一下所在城市地震断裂带的位置。房屋骑在地震断裂带上，只要地震断裂带稍有运动，就会对这些房屋造成损害。如果发生地震，那么骑在地震断裂带上的房屋很快就会倒塌，尤其是两条地震断裂带的交叉口处的房屋损坏会更严重。

比如北京就有各个走向的地震断裂带，目前活动地震断裂带主要有南口—孙河、黄庄—高丽营、夏垫以及顺义地震断裂带等，详细情况可以在地震局网站中查询。当然就全国而言并非所有城市都有防震的问题，不过在易震区居住的还是要留意。

［案例6-4］2010年一位阿姨，刚刚摇号摇中了北京某开发区的一套两限房，比旁边商品房便宜100多万元，为此很是高兴。不久后她的一位同学在那个项目做监理，跟她讲两限房所在地恰恰有地震断层，将来可能有危险，她还没住进去心中就已经惴惴不安。

鉴于此，购房者最好查看一下地震局公布的当地地震断层分布图，尽量不要选择位于地震断层上及邻近的楼盘。

2. 不同建筑结构形式的抗震性能

（1）框架结构比砖混结构抗震性能好。从各地地震后的情况来看，砖混结构建筑和预制板结构的老旧房子损毁严重，主要由于砖混结构由砖或砌块砌筑而成，材料呈脆性，其抗剪、抗拉和抗弯强度较低，因此整体抗震性能较差，即便有圈梁、构造柱等加固措施，在强烈地震作用下，破坏率也会较高。

框架结构抗震性能较强。随着经济水平的提升，近些年来我国很多地震设防地区都要求四层以上建筑采用框架结构，高层建筑多采用框架结构，剪力墙结构或框架—剪力墙结构，抗震性能相对较好。

（2）塔楼比板楼抗震性能好。因为地震波往往不规则，无规律，如果恰好赶上板楼的短轴方向，则板楼很像一面薄墙，稳定性差，容易倾倒。相比之下塔楼长宽比较小，各个方向稳定性好，抗震性能优于板楼。

震害调查表明，同等条件下，房屋层数越多，高度越高，它的震害程度和破坏率也越大。

（3）高层建筑外墙简洁能够降低风险。目前大部分建筑都采用外墙外保温，有些建筑为美观即使高度超过百米也都在墙外挂石材或安装玻璃幕墙，设计屋顶构筑物等，这些都可能在地震时造成次伤害，因此并非跑到建筑物外面就一定安全。

3. 抗震等级问题

某区域楼盘打出能抗8级地震的口号，以此来吸引购房者。地震烈度表示地面及建筑物遭受地震破坏的程度，北京地区的住宅按8度（地震烈度，非震级）抗震设防的标准来设计，这在全国是高标准，其他城市大都是按照7度抗震设防标准设计。

每个国家和地区的情况不同，抗震标准相差甚远，如德国别墅中大跨度空间及大玻璃窗看着不错，于是照搬过来，空间效果很好，但结构上很难处理，抗震性能较差，对此购房者要明晰利弊。

每次地震过后都会出现不同程度的次生灾害，其中火灾对人们生命安全的危害最大。一般老城区的建筑密度大，破旧房屋和木结构建筑较多，且消防车通道狭窄或被占用，一旦震后发生火灾，火势很难扑灭，同时避难空间较少，容易形成大灾难。鉴于此，购房者在老城区选房时要留意周围环境。

二、防范水灾慎选五类地段与住房

自古以来我国就是一个多灾多难的国度,其中以水灾最为突出,古代交通、农业、饮水系统不够发达,因此城镇大都沿江沿湖而建,而这些地区往往地势较低,雨水一多就极易引起水患,因此人与自然的抗争千百年来从未间断过。

择居是一门尊重并掌握自然规律的科学,营造安全的人居环境要从源头择居做起。

1. 慎选临近泄洪区及低洼地带

有些城镇或某些地段处于低洼地带,一旦下大雨就会出现积水或被淹的情况,对此选房时要有所了解,慎选低洼地带的住区,如果不太清楚哪里低洼,不妨问问本地的老年人。

有报道说北京房山长阳区域已经不再是小清河泄洪区,而7·21大雨后受灾情况足以说明其仍处于低洼地带,一旦下大雨,区域内交通及连接道路等会受此影响。

2. 慎选临海临湖太近住房

临海、临湖、临河易发生灾害的区域隐患较多,不适宜定居。切记,风景诚可贵,生命价更高。

3. 慎选山区山谷泥石流易发地带

有些人喜欢山景房,殊不知一旦下大暴雨极易诱发泥石流、崩塌或滑坡等山地灾害,因此择居选房时要远离山地灾害易发的山谷山根、泥石流区、山体滑坡区及临近河道入口等地段。

4. 慎选低洼及物业防灾较差的住区

择居选房时要注意住区所处的位置是平原还是盆地?之前是不是常发生水灾?住区外是否有渍水点?外部交通是否必须经过桥洞?这些都是择居时必须要有所了解的方面。

此外若设计不合理,个别小区会受到市政管网排水不畅倒灌影响,为此小区物业应当配备大量沙袋和各类型号污水泵、抽水泵等硬件设施,而目前,很多物业防水意识不足,设施配置并不齐备。

5. 慎选一层、顶层及地下室

如果平房或一层住房在住区中处于较高地势还好,否则一旦大雨来袭很容易进水，很多住一层的家庭每年夏天大雨中都在忙着排水。

那么顶层是否就很好呢？这倒未必，以目前的施工质量，大部分顶层住户都会出现漏水、渗水等情况，家中墙面装修很容易受损，而且很难根治。

地下室等易淹水区雨季尽量不要住人；在容易发生洪涝的地区，选择地下车库时，一定要注意其地势及排水能力，避免地下室进水时对车辆的淹泡。

住区、车库和地下室被淹，顶层住户漏水、低层渗水等情况屡见不鲜，雨中很多质量问题都暴露了出来，因此选房时"不看晴天看雨天"的说法很有道理，外墙是否渗水、小区排水设施是否畅通等问题都值得关注。

三、选房时防患于未"燃"

1. 楼房火灾猛于虎

从 8·29 沈阳售楼处沙盘大火到 11·15 上海静安区高层住宅大火事故，那一年里多个地方有关楼盘的火灾事故频发，引发社会极大震撼，这些事故也激起人们对住宅防火，尤其是高层住宅防火问题的重视，安全是居住品质的前提，从以往的统计来看，在比较容易引发楼盘重大安全事故的情况中，火险列在首要位置。

火灾是高层建筑的第一隐患，高层建筑竖向的各种通道，在火灾时会形成若干个竖向火洞，形成烟囱效应，助长火势向上蔓延；外部着火是高层建筑的最大隐患，如果火从外部烧进来，浓烟会由外向内集聚。

火灾过后，外墙外保温材料常会成为众矢之的，之前被广泛采用的可发性聚苯乙烯、挤塑聚苯乙烯等材料均为有机保温隔热材料，一旦遇火就容易燃烧；此外第二次装修也很容易造成火灾隐患。

购房者在收房入住前，应要求开发企业出示相关消防验收凭证，查看平面布置中涉及消防安全的防火间距、消防车通道、防火水源，并检查房屋的耐火等级；按照防火规范规定：19 层及 19 层以上的普遍住宅耐火等级应为一级；10 层至 18 层的普通住宅耐火等级不应低于二级；19 层及 19 层以上的普遍住宅、塔式住宅应设防烟楼梯间和消防电梯。同时购房者要检查高层建筑内部配备的消火栓、灭火器、应急照明等消防设备是否完整好用，楼内的消防设施是否存在老化、破损或缺失现象。

此外，天然气罐、加油站、化工厂等设施对城市生活十分必要，却往往成

为人居安全的重大隐患,是不少业主的"闹心事"。8·12天津滨海新区爆炸事故曾导致近千人伤亡,教训惨痛!购房者要注意在住区周边考察,详细了解住宅区周围到底有没有化工厂、天然气罐、加油站等火灾高发的源头,评估距离及其危险性,做到心中有数。

2. 杭州纵火案暴露三大火灾隐患

南方周末报道《媒体调查"蓝色钱江"纵火案:消防设施被封在大理石墙内》,这是一起典型的"小火亡人"事故,过火面积不到房屋面积的七分之一,却用了近两小时才扑灭,并造成四人死亡的惨痛结局,值得我们反思!

这场小火灾既暴露了人性的致命弱点,也暴露了人们防火教育尤其是逃生技巧的匮乏,同时也与建筑配套存在的三大致命隐患有关。

(1)玻璃幕墙成为致命的安全隐患。杭州某小区玻璃幕墙看似高大上,而当发生火灾时却把浓烟捂在屋里、将空气阻隔在外。房间唯一的窗户宽仅为30cm,能推出去的距离也就6~7cm(优先考虑防风,却不利于防火排烟)。也可以说整个玻璃幕墙如同一个瓶子,直推窗无法及时排烟,而且还难以对外呼救,最终房间没有过火痕迹,四人却被浓烟熏死。

选房时即便普通住宅的窗户也要注意开窗大小。有的楼盘南向房间开窗面积明显偏小,比碉堡瞭望口大些,外立面虽好看,却对身心健康皆不利。

(2)高层建筑防火是个世界性难题。蓝色钱江小区由8栋25层高住宅组成,高层建筑在防火及排烟方面有着天然劣势,有时消防车来了也只能望火莫及,而且被困人员也很难逃出来。

英国伦敦一幢27层公寓楼突发大火,导致79人丧生,在短短15分钟内,整幢大楼就几乎被大火完全吞没。虽然这次火灾由一台冰箱爆炸导致并非人祸,而火势迅速蔓延的祸首是翻修中使用的外墙隔热隔声材料,该材料就像火柴一样易燃。同时大厦的自动洒水器及中央警报系统在火警发生期间同时失灵。

(3)防火设施设置不当及意识淡薄。杭州某小区楼房高度不到百米,按住宅设计规范不要求设置喷淋系统,且房间内没有安装烟雾报警器,导致报警不及时。家用火灾报警器一般30~50元,国内家庭普及率不到1%。

"消防栓接口无法接上、消防设施被封在大理石墙内很难打开,原本空白的消防器材检查记录单,也被物业篡改,倒填上过去的日期"。可以说,防火设施关键时刻无法使用无异于为零。同时不仅设施本身存在设置问题,物业服务同样备受指责。

这提醒我们，选房及验收时不仅要注意防火设备，还是看物业是否能尽职。

水火无情，人命关天，择居时安全第一！为了防患于未然，建议买房优先选择多层或小高层住宅，高层住宅尤其是玻璃幕墙住宅要慎选。

此外还要注意住宅及住区是否有火灾安防系统，普通住宅也最好配置火灾警报设施，目前应用比较普遍的就是烟感红外探测器、自动灭火器及燃气泄漏探测器。如今一套房子几百万元，花几百块钱以防万一还是很有必要的，这样住着也更安心。

第五节 规避四类嫌恶设施

一、常见的四种嫌恶设施

"嫌恶设施"主要指对生命财产具有潜在危险或对生活造成干扰的建筑、设备和设施。

嫌恶设施的影响主要有三方面，一是威胁生命与健康安全；二是妨碍生活安宁及降低生活品质；三是影响财产安全与保值增值。

常见的嫌恶设施可分为四种类型：

一是交通类。机场、高速路、高架桥、铁路等。

二是辐射类。变电所、高压电线、发射台等。

三是化工类。加油站、化工厂、垃圾站等。

四是心理类。墓地、殡仪馆、监狱、凶宅等。

按照相关规范标准，常见的嫌恶设施要与住区保持一定的距离：比如飞机场：1000m；加油站：50m；高压电力设施：15m；垃圾处理厂：500m；工厂：180m。

生活中不仅要考虑直接的影响，还要注意心理影响，加油站和高压线出现在视野中，即便有60m，符合规范标准要求，每天看在眼里，照样会让内心有不安全感。因此在选房时我们要尽可能回避这些给我们心理上造成阴影的嫌恶设施。

有些住宅用地前身为化工厂，不宜居住。化工厂污染大，化学物质容易污染土壤，短时间内难以完成去除，空气、地下水、植物等都可能被化学物质污染，对居住者的身心不利。周边有嫌恶设施的住区其宜居度以及升值能力都低于其他住区。

靠近高压电塔和发射塔的房子也不宜购买，可能释放的电磁波很强。临近高大烟囱、锅炉的房子不宜购买，要避免煤灰和有毒气体对家人健康的侵害。

医院附近的房子尽量别买，医院里病患居多，细菌病菌也较多。

二、慎选"凶宅"等房产

近些年凶宅纠纷并不少见，所谓凶宅是指曾发生过凶杀、自杀、意外、重大传染性疾病等非自然原因死亡事件的房屋或场所，家里面有老人自然死亡的情况并不属于凶宅的范围，凶宅的售价一般明显低于市场价格。房产中介有义务调查并如实披露房屋情况。

要想避免买到凶宅，实地看房的时候，购房者可以向居委会、物业公司或左邻右舍了解一下情况。如果不放心，就在合同中约定出现凶宅事实的赔偿责任和要求，这样卖家就不会故意隐瞒房子是凶宅的事实了。

当然选择新房，没有人居住过的房子，这是杜绝凶宅的最好方式。

还有不利于身心的房子，比如原址发生过灾难，做过刑场或监狱的房子要慎重购买，对于今后房子的保值和升值可能会造成影响。房型狭长、怪异不规则的房子对居住者日常生活也会造成影响，最好避开。

第六节　房价降了该不该退房？

一、退房要区分时机

［案例6-5］　在2009年2月中央台财经节目曾报道购房者维权退房的情况。北京通州区一个新楼盘，由于2008年房价回落，业主们强烈要求退房，而开发商资金链紧张，不想办理退房，于是搞得全国皆知。最后部分业主退房成功，当时房价（7000~8000）元/m^2。2010年春天，伴随通州新城规划的发布，当地

房价出现快速飙升，很快每平方米就超过两万元，可以说是惊天大逆转，此时退房者后悔不已。

过去的十几年间，房价不断攀升，于是人们产生了某种惯性思维，房价只涨不跌，因而预期房价会下降的人很少，以致形成了买涨不买跌的心理。

房价下跌，很多购房者没有做好心理准备。因此买房时非常高兴，而在面对房价阶段性下跌时，一气之下就会做出退房的选择。市场波动周而复始，例如2008年和2014年房价都曾出现过明显回落，2017年北京、上海和深圳也出现了不同程度的房价回落。

[案例6-6] 2016年10月中旬有人在北京近郊买入了一套二手商住房，之后陷入进退两难的境地。我为他分析短痛与长痛的区别，短痛赔几万元定金，长痛则要付出过百万元的代价。2017年春北京商住房新政后，一年内北京商住房价格水平回落30%~40%。

[案例6-7] 2017年3月上旬有人来咨询，他买了北京的一套二手房作为投资，于是我为他分析楼市趋势，预判调控会加码，这时买房会高位接盘，他听取了我的建议把房子退了，10万元的定金也收回了。不久北京楼市调控升级，等到6月时他反馈，当时定好的那套房子已经降了160余万元，他非常庆幸。

对比上面三个案例，退房要区分时机。

案例6-5是在一轮市场周期低谷时期退房，这时房价已经历了回调，接近触底，且当时4万亿元刺激政策以及系列买房优惠措施出台，楼市止跌反弹在即，这个时候选择退房无疑是误判。

案例6-6中商住房产品因为当时不限购，因而作为投资品备受追捧，呈现明显过热状态，因此预判不会持续火热下去，调控一定会升级，当时选择退房无疑是明智之举。

案例6-7当时正处于北京楼市周期的顶点，很多人都失去了理智，越涨越买。根据历史经验，这时入市注定会高位接盘。而三年后的今天房价仍与高点时相差20%左右，购房时机的选择很重要。

区分退房时机。当市场处于高位时肯定不是买入的好时机，而当市场处于谷底时，退房也会有一定的损失，等了一两年把购房款退给你，计算时间成本和资金成本，无形中会有几十万元到上百万元的成本损失。退房与否要把得失算清楚，而不是别人要求退房，我也跟着起哄。

什么情况下要及时退房呢？当发现买错了，或者有更好的选择，或者开发商五证不全、私改规划、房屋出现重大质量问题，逾期交房，或有欺诈行为，会造成一定的损失，这种情况下提出退房都是合理的。

[案例 6-8] 2017年3月我曾带队去海南考察，其中有人在那买了两套大别墅，为此我们一起过去参观，了解实际情况后我建议他把别墅退了，为什么呢？这个项目在农业综合用地上搞开发，而非别墅用地，五证不全，迟早会出问题，他们按照我的建议很顺利把房子退了。2019年这个超大楼盘作为违建被当地给拆了，买房的业主们被赶出了他们梦想中的家园。看到新闻报道后他反馈，如果当时我们没有过去，那么两套别墅的损失难以估量。

二、如何避免房价回落的损失？

1. 掌握周期波动规律

首先我们要对周期规律要有一定的了解，一般房地产发展进入繁荣阶段后会累积大量的风险，随之调控政策出台，市场从繁荣阶段进入危机萧条阶段时，人们的预期会出现转变，市场交易冷清，即便降价仍会出现无人问津的局面。

当然不会一直持续这种状态，待到政策松绑或时间已到，市场还会重新复苏上行，因此我们尽量不要在房地产持续过热、投资需求过高的繁荣阶段买房。

2. 把握好政策出台的节拍

房地产调控会影响一段时期内房价的走势，并且常在市场中抢购盛行的时候出现，一念之差可能就会有几十万元乃至数百万元的损失，因此买房要看好趋势，注意宏观政策导向，明晰房地产市场的走向。

比如说调控政策出台前首付只需30%，于是有的人赶紧抢时间签合同买房，结果还没办理贷款新政就落地了，这时就傻眼了，首付提高至60%，原先凑的钱明显不够，又没处去借这30%的房款，想退房又得交几十万元违约金，陷入进退两难的境地，得不偿失。

3. 选择高抗跌性的房产

在楼市处于下行区间时有些房产的价格依然会相对坚挺，在阶段性高位买房，要尽能选择保值度相对较高的房产。一般来讲，城市中心区房产比近郊区房产抗跌性更强。

4. 找好专业团队支持

如果有专业团队支持，那么买房时就不会随大流非要在最火热的阶段高位接盘。选择买方经纪人或私家顾问服务，这是未来选房的趋势。

5. 银行是很好的风向标

银行放贷会尽可能地规避各类风险，因此银行的房贷尺度也是楼市的风向标，当市场处于过热阶段时，银行会大幅上浮房贷利率，而且审核过程也会比较严格，反之则会较为宽松，买房时要根据银行的态度来把握好节奏。

第七节 避免陷入"羊群效应"

2016年8月下旬，伴随楼市调控将升级的传闻，恐慌的购房者已经涌入了各个区县的民政局，上海抢房大战全面打响，8月26日导致房产交易中心网签系统瘫痪了。上海离婚抢房也进入了与时间赛跑的冲刺阶段。"29日上海徐汇区民政局离婚登记处被前来办理离婚的市民挤爆，离婚的人群从早上7点多开始排队"。"杨浦区的离婚登记处也贴出了通知，规定工作时间每天只受理50个号"。

如今三年多过去了，上海的二手房价格与当时相比不但没有上涨，反而有所回落，计算一下成本，绝大部分以投资为目的的购房者均出现不同程度的亏损。如果离婚买房获利，那么皆大欢喜，而若以失败而告终，那有的假离婚则可能会变成真离婚，可谓"赔了夫人又折兵"。

过去十余年，类似的荒唐事层出不穷。近年来，多个摇号买房城市的楼市均出现不同程度的销售火爆场面。2018年千人抢百套、万人抢千套房的现象重现江湖，更有98岁老奶奶上阵摇号，可以说，不论是刚需置业者还是投资者，都参与到这场"摇一摇"的竞赛中。

有些人就此认为出现了房荒，也有人为此担心，认为现在不抢，以后就没有这样的好机会了。为此我告诉大家，这是误判，从人均居住面积和空置率来看，根本不存在所谓的"房荒"。只是由于限价政策，新房和二手房市场发生了严重倒挂，存在明显的套利空间，从而制造出新的抢房热潮，因此抢人大战＋房价倒挂＋库存减少以及阶段性新房供给不足等是造成万人抢房的主要原因。

可见，在买房这件事上，大部分老百姓往往雾里看花，有一点风吹草动就慌不择路，觉得大家都在抢，不买就觉得亏，于是就顺大流，买完了房子也是闲置着，原以为能升值，结果却事与愿违。

理性思考后你会发现，很多东西没必要买，很多钱没必要花。这种跟风从众的心理，才是真正的"病根儿"所在，容易导致盲从，由此陷入骗局或遭到失败。

上涨时蜂拥而上，下跌时恐慌逃散，市场中常常出现"追涨杀跌"现象。经济学里经常用"羊群效应"来描述经济个体的这种从众心理。羊群是一种很散乱的组织，平时在一起也是盲目地左冲右撞，一旦有一只头羊动起来，其他羊也会不假思索地一哄而上，全然不顾前面可能有狼或者不远处有更好的草。

对于经验相对欠缺的个体购房者，在自己举棋不定，犹豫不决时，总是去看其他人是怎么买的，什么时候买的，或是什么时候卖的，这是很正常的。

"羊群效应"反映了人的趋同心理，也可以说是一种人之本性。我们难以将其完全消除，不过可以通过提高自身的专业知识，学习更多的选房技巧与策略，掌握更多的市场信息等方式来避免陷入"羊群效应"的误区。

股神巴菲特曾经说过："在别人恐惧时贪婪，在别人贪婪时恐惧。"就是告诉我们要深入分析与思考后，再进行判断，做到不盲从，不随波逐流，学会做逆向而动。